현대문예 동부작가회 제6집(2025년)

뜨락에서 만난 사람들

동행

뜨락에서 만난 사람들 동행

초판 1쇄 인쇄 | 2025년 09월 30일
지은이 | 현대문예 동부작가회(성해석 외)
펴낸이 | 이재욱(필명:이승훈)
펴낸곳 | 해드림출판사
주 소 | 서울 영등포구 경인로82길 3-4(문래동1가 39)
       센터플러스빌딩 1004호(07371)
전 화 | 02-2612-5552
팩 스 | 02-2688-5568
E-mail | jlee5059@hanmail.net

등록번호   제2013-000076
등록일자   2008년 9월 29일

ISBN   979-11-5634-654-8

 전라남도 전라
남도 **문화재단**

* 이 책은 전라남도문화재단의 지원을 받아 제작하였습니다.

현대문예 동부작가회 제6집(2025년)

뜨락에서 만난 사람들

☀ 해드림출판사

동부작가회 6집 「동행」을 발간하면서

 현대문예 동부작가회에서는 오랜 시간 품고 다듬어 온 생각과 마음을 창작으로 마무리하여 드디어 동행 6집이란 한 권의 책으로 발간하게 되었습니다.

동행 1집에서 3집까지는 시와 수필을, 동행 4집과 5집에서는 디카 시집으로 발간하였고 우리 지역의 위대한 역사와 아름다운 풍광, 또한 문화의 숨결을 시와 수필로 또한 이를 렌즈에 담아 사진과 시가 결합된 작품을 출간하여 시민들에게 큰 호응을 얻었습니다.

이번 동행 6집은 우리 일상의 조각들을 엮어 시와 수필로 그리고 디카시 17점을 선보이기까지 우리 현대문예동부작가회 작가 한 분 한 분의 노고와 정성에 감사드립니다.

디카시 17점은 2026년 여수세계섬박람회 성공 개최를 위해 우리 지역에 소재하고 있는 아름답고 신비스러운 365개의 섬 중 몇 개의 섬을 골라 다채로운 풍경과 서사를 디카시로 담아내었습니다.

이번 6집을 통해 독자들이 잠시 멈추어 자연의 삶을 성찰하는 시간을 갖기를 바라며 이를 통해 감동 어린 위안이 되고 잔잔한 울림을 전할 수 있다면 더없이 기쁘겠습니다.

2025년 8월 한여름에
현대문에 동부작가회 회장
성해석

아름답고 신비로운 여수 섬

현대문예 동부작가회 섬 디카시

돌담 너머의 봄

강원

바람에 살랑이여 마음 흔드니

화전놀이* 웃음소리 봄날 가득히 퍼지고

돌담 너머로 온갖 꽃들이 고운 빛깔로 피어나

자연이 내어준 꽃밭은 가장 순수한 선물 같아

계절이 바뀌어도 변치 않아 나를 부르고 있네

* 손죽도 참꽃으로 꽃전 부쳐 먹는 화전놀이

둔병대교

　　김성자

파란 바다 위

아름다운 섬과 섬을 이어주는

백리길 둔병대교에

흔들린 발걸음 멈춘다

가자 여수로 떠나자 여수로

옛 등대<small>(거문도, 1905년)</small>

김양자

노을 따라
살포시 내려앉은 어둠길
100년의 아픈 역사
물길에 묻고
오늘도 불 밝히며 이정표 되리라

숨은 보석 백도

김운남

바다는 밤새 뜬눈으로 지새우는 너를 지우지 못했다

흑비둘기 팔색조 휘파람새 품고 있는 너를

바람도 부서뜨리지 못했다

아무도 다가오지 않는 섬 백도는

그리움으로 파도 위에 편지를 띄운다

"여기 나 있어요"

사도

김인순

눈부시게 파아란 하늘 먼 옛날
공룡들이 춤추던 곳
밀물과 썰물의 노래로 신비스런 길이 열리는 곳
하얀물결 바람과 함께 다듬어 놓은
그리운 바위 얼굴

섬 사랑

김현애

아담과 이브가
둘이서만 있고 싶은 섬

사랑의 노래를
마음껏 부르고 싶은 섬

누구에게나 권하고 싶은 섬
내 마음 최고의 섬

섬 섬 섬

박희도

바람에 꿈틀거리며
바위에 부딪쳐 소리치는 물꽃

가슴에 품은 한 있거든
가뭇없는 서러움 토하고 가라 하네

비워야만 비로소 보이는 것들

복개도
_모래목길

성승철

삼백예순날 눈물 같은 모래 찍어 물길을 연다
북새 공작 같은 날개 펼치는 날
뭍 향한 그리움과 꼬막 같은 추억들
파도 기다리는 갯벌의 숨바꼭질
황금빛으로 타는 축제
고고한 까치봉 영감도 어깨춤을 추는

일출

성해석

해야 솟아라
여수세계섬박람회 위해
희망의 돛을 올려라
역사의 북을 울려라
붉은 기운 세계를 감싸안고
오늘도 전진하리니.

금빛 바다에게

유경자

끝없이 반짝이는 너의 빛 속에서
나는 오래된 꿈을 건져 올려서
가장 깊었던 심연을 품는다.

금빛 바다여,
함께 젖어보자
저토록 힘찬 파도 따라서.

야도

윤문칠

국동어항 건너 불모섬
뭍으로 야호를 외치며
샘기미 마도로스 친구들이 모인다.

가장 도에서
물결 따라 뗏목에 노를 젓은
모정의 뱃사공
목넘포구에 내려 학교 종소리에
오솔길을 뛰어간다.

석양 노을을 뿌리면
조개 줍던 아낙네 목소리에
야도의 하루가 조용히 흘러간다.

일출

도경. 이선덕

바다를 여는 희망의 소리
가슴을 두드리는. 당신
행복을 싣고 먼 길을 오셨군요
빛나는 당신 품에
오늘도 행복이란 꿈을 꾸네요

백도

장동윤

은빛으로 춤추는 바다
수천 년 자연이 빚어낸 백도
달콤한 풍란 향기 품고
너와 나 우리 모두를 부르네

까막섬

정재판

뱃길 떠난 임 기다리다
등대 하나 띄워 놓고

마음 조이던 까막섬

가슴엔 황혼의 노을이
서서히 잠들고 있다

섬이란…

조창만

섬을 그리워하는 이는
마음이 고운 사람들이다

사연이 막 생길 것 같지만
정령 섬은 달려오는 파도가
쉬는 여인숙이다

소라면 봉천 일몰

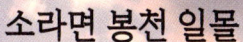

성해석

하늘엔 보랏빛 향연
저 멀리 말 없는 섬들
어둠 맞을 준비를 하네
자주색 바다 위 떠 있는 배
숨 막히는 이 아름다움이여

암목도

정재판

하늘에 뭉게구름

말없이 떠가는 가막만

암목도 무인도에 푸른 물결 살랑인다

아무도 찾지 않는 외로운 하얀 등대

밤 뱃길 밝히려고 쓸쓸히 서 있네

차례

 강원 (호)강산

출생지 : 전남 여수

- 2011~2013년 초중고 검정고시 졸업
- 2014년 여수 씨티 작은 도서관 일조
- 2021년 여수 한영대학교 사회복지학 (야간)을 졸업
- 전남대학 여수 평생 교육원 문예 창작 수료
- 2023년 현대문예 보랏빛 사랑 외 시 3편으로 등단
- 사회복지사 현장 실습 공모전(우수상)
- 2024년 브런치 작가 (저서) 노동자의 기나긴 이야기
- 2025년 (시집) 소금꽃이 녹아내린 삶 발간
- 현대문예 여수 동부작가회 회원으로 활동 중
- 여수수필 회원으로 활동 중

강원

그 섬을 기억해

삶이 짙게 구겨질 때마다 가슴 한편에 남은
물안개가 고요히 피어오르고
햇살은 해국 잎새 위로 부서지고
초록의 숨결 속에 웃는 섬이 있다

그 섬 기슭에 돛단배를 매어두고
바람이 물결을 토닥이면
휘어진 솔가지 아래 모닥불 피우고
오래된 이야기 웃음 사이로 자그락자그락
몽돌이 구르는 소리를 듣는다

잿빛 속 감자는 익어가고 검푸른 하늘을 긁듯
갈고리 달이 바다 위에 내려앉으니
그 빛에 어깨를 기대면 어느새 마음이 말랑해진다

별 하나가 떨어질 때마다
고요는 더 깊어지고 풀벌레 울음 속에서
손죽도의 밤은 숨결처럼 흔들린다

돌담 너머의 봄

바람에 살랑이여 마음 흔드니
화전놀이* 웃음소리 봄날 가득히 퍼지고
돌담 너머로 온갖 꽃들이 고운 빛깔로 피어나
자연이 내어준 꽃밭은 가장 순수한 선물 같아
계절이 바뀌어도 변치 않아 나를 부르고 있네

* 손죽도 참꽃으로 꽃전 부쳐 먹는 화전놀이

얼어붙은 외침

온몸 온기로 감싸아도
궁핍에 시린 세상은 차가움뿐,
삶에 지쳐 목이 터지라 외쳐봐도
세상 메마른 눈물들이 다 얼어 버렸어

세상 시간은 머뭇거리지 않았어
서러운 사람들의 고통 하나하나
그냥 흩고 지나갈 뿐이야

지붕을 쓰다듬어 내려앉은 달빛도
유리창에 부딪혀 떨어지는 별빛도
마음 시린 자들을 쓰다듬고만 갈 뿐,
겨울 햇살은 그냥 빛날 뿐이야

휴대폰 카메라를 QR코드에 스캔하면
시의 노래 영상을 보실 수 있습니다.

길 위에 희망이

처음엔 아무것도 없었다
발자국 하나 없는 벌판뿐이고
누군가 가야 한다고 믿었고
그래서 걸었다

처음엔 외로웠지만
뒤따른 사람들의 걸음이 새로 생겼다
그렇게 길은 또 생겨났다

희망은 먼 데 있는 게 아니라
항상 내 옆에 존재했고
내가 닿고 싶은 곳이 있으면
그곳으로 같이 걸었다

삶은 문학이다

문학은 하루를 여는 순간에도
하루를 마감하는 순간에도
삶의 흐름을 따라
수천 갈래의 세상 속에 얽혀 있다

문학의 깊이를 알고자
나는 마음의 문을 활짝 열고
걸어온 길을 돌아보며
앞으로 나아갈 길을 바라본다

문학은 모든 이에게 길이 된다
삶이 흔들릴 때마다
단어 하나 문장 하나가
무너진 마음을 다시 일으킨다

문학은 무너지지 않는다
언제나 새로 태어난다
그렇게 문학은 오늘도 나를 일으킨다.

의자에 붙은 광고

다리 밑에 놓고 있는 의자에 쉬어가라는
모집 광고가 붙어 있다
대상은 세상에 살아 움직이는 모든 것들
나도 모집 대상이라 앉아본다
옆자리에 지팡이든 노신사가 앉는다
걷다 힘든 한숨을 내쉬며 노파도 앉는다
길 건너 의자에 뚱뚱한 신사가 앉는다
자전거를 타고 가던 근육질 남성도 앉는다
숙녀도 앉아 있고 어린아이도 앉는다
어디서 날라왔나 신문지도 걸 터 앉는다
찢어진 신문지에 세상 소식들이 깨알같이 움직인다
지나가던 갯바람도 의자에 앉아 신문을 읽는다
모집 대상자들이 다 모였다
의자는 이들을 다 채용할 것이다
빈자리가 생기면 또다시 모집 광고를 낼 것이다

연필로 쓴 삶

목수의 습관일까
나는 자주 귀에 연필을 꽂는다
메모하기에 수월해서다

계속 목수로 살았다면 삶의 고통을
문장으로 새기지 않아도 되었을까
후회한 적도 있다

하지만 글이 나를 살렸다
나는 집을 짓듯 글을 짓는다

가끔은 피 흘리며 가끔은 웃으며
이제 연필은 귀가 아니라
심장 가까이에 꽂혀 있다

인연의 그림자

세상의 모든 만남은 언젠가 이별이 되고
그 끝은 아픔으로 남는다

봄과 여름의 경계가 모호하듯
가을과 겨울의 끝도 흐릿하다
시간은 계절을 가리지 않고
우리 마음속 경계마저 무디게 만든다

그리움은 끝내 그 이름을 지우지 못하고
상처는 천천히 추억으로 굳어간다

결국 모든 인연은 희미해진 경계 속에서
우리가 살아 있었음을 증명하는
하나의 그림자로 남는다

꽃의 언어

꽃은 놀라운 언어를 앉고 핀다
어떤 꽃은 햇살과 바람, 구름에 속삭이고
물가에 선 꽃은 물에 말을 건넨다

꽃들은 벌과 나비, 새,
그리고 동물들과도 소통한다

꽃은 새를 불러 소원을 전하고
새가 꽃가루를 퍼뜨리면
숲은 온통 소통의 장소가 된다

소통하는 숲은 향기로 그윽하고
아름다운 운율의 노래가 온 숲을 덮는다

김성자

김성자 (호)심전

출생지 : 전남 보성
여수에서 45년간 거주하였으며 여수에서 활동하고 있는
(시) 문학 작가로서 전남 보성출생입니다.

- 현대문예 등단
- 2008년 카스 문학회 전국 축제 문학상
- 2017년 현대문예 추천 시인 문학상
- 카스 문학회 추천위원 부위원장
- 카스 문학 창단 맴버
- 카스 문학 여수지회장
- 사단) 아시아 문예 전남지회 여수 고문
- 큰 여수 신문 연재 작가
- 사단) 아동문학회 빛 사랑 사진작가 회원
- 여수 현대문예 동부작가회 회원
- 저서 초 화 1(시집) 발간

외로운 외딴섬

외롭게 떠 있는 아름답고
외딴섬
저곳에는 누가 살기에
파란 눈물이 바다로 변해서

빨간 동백꽃도 갈매기 나래짓에
먼바다만 바라보고 한숨 속에
애타는 가슴만 쥐어짜고 있을까

외딴 그 섬에는 행복을 꿈꾸던
한 쌍의 봉황이 살았어라

내 고향 보성

내 고향 보성은 늘
달콤한 향기 품고 있었네

햇살 속에 피어나는
시골의 아름다운 풍경에
내 소박한 꿈은

봄바람 가득한
달빛 부드럽게 비추는 밤
보성의 운치 느끼며
너와 나 걸어보고 싶어라

4월이 익어간다

앙상한 산들이 푸른색으로
물들고 움트려는 새싹들
합창하며 고개 내민다

행복했던 시간 가슴속을 떠나고
다시 돌아갈 길 멀게만 느껴진다

젊음은 삶이라는 일과 속에 훌쩍 지나가고
마음은 늘 작아지는 황혼의 이력서
후회 없는 길이였나 돌아보는
4월에게 묻고 싶다

활짝 웃는 벚꽃이여
봉오리 탐스러운 동백꽃이여
이 몸 그대로 봄 처녀로 돌아가고 싶다

담쟁이덩굴

어제는 저만큼 걸어가더니
오늘은 담 넘어가는 손
그 손바닥에 빨판이 달려 있었다

하루가 다르게
내일은 철조망을 넘어 갈려나
마음조여가며 기다려진다

눈도 보이지 않고
앞을 더듬이며 하루가 다르게
대문을 열려고 노력한다

푸른 잎에 단풍이 붉은빛으로
곱게 물들인
아름다운 가을 하늘을 날고 있다

도시의 밤

깊어가는 이 밤도 네온 불이
음악 소리를 기웃거린다

노란색 옷 걸쳐 입고
빨간 모자를 쓴 빛이 휘청거린다

비류 한잔에 취한 나도
너와같이 구름 위에 발을 딛는다

하늘에 별들이 소곤대고
도시는 조용히 잠들고 있다

봄

복사꽃 봉오리
촉촉이 스며든
이슬방울 붉게 물들면
고향 언덕에 웃음꽃이 핀다

버들가지에
새들이 노래하고
매화꽃에 노닐던 벌 나비 춤추니
살가운 바람 속
봄이 수줍어한다

너에 정과
정령의 영혼이
바람에 담그고 물에 날리니
짜릿한 촉감에
꽃잎마저 떨어져 간다

봄을 따라서

하얀 매화꽃 눈물이
고개 숙여
한 잎 한 잎 날아
흰 눈 되어 떨어진다

바람에 날려가는
봄을 따라
산 넘고 강 건너서
아지랑이 찾으러 간다

가쁜 숨 몰아쉬며
달려 보지만
소치 골에 여울이 진다

봄이 오는 클리프 39

오천동 클리프 39
아침 해가 돋는다
남해바다 물들여 놓고
정박해 있는 커다란 외항선
붉은빛으로 한입 삼켜버린다

갈매기도 잠 비집고
넓은 바다에 나래를 펴
장미꽃 봉오리 머금은 위
산새 노랫소리가 살며시 내려앉는다

모사금 해수욕장 모래 해변에
붉은 파도가 힘없이 밀려올 때
아침을 깨우며 천천히 돌아서서
저 갯마을에 봄을 부르며 떠나간다

아침

밤을 지새우던 어둠이
실안개 품고
산허리를 감돌아 하늘로 오른다

밤을 지키던 가로등도
피로에 지쳐서
꾸벅꾸벅 졸다가 잠든다

새벽이 창문을 두드리며
아침이 반짝이는 별을 안고
붉은 네온등 밝히며 돌아선다

시간이 바뀌어 잠자는 나를
창문으로 넘겨본
태양이 빙그레 웃고 간다

오천동

갓 태어난 누에처럼 이불을 뚫고
쭉쭉 기지개 치면서
산발 머리 쓸어 다듬어
창문 앞을 지나쳐 간다

바닷가 어촌마을 포구가 술렁인다

작은 어선에서 생선 한 광주리
퍼 올려지자
갈매기가 조식을
해결하려고 분주하게 소리 지른다

파도가 아침 바다를 흔들고
바람은 넓은 바다를
쉬지도 않고
단숨에 남해로 건너가 버린다

김양자

 김양자

- 전남대학원 석사 졸업
- 여수시 국장 퇴임
- 현 여수시 행정동우리 회장
- 여수시 문인협회 및 민미협 회원
- 순천시 문인협회 시집 공동제작 5회
- 여수 그림 전시 12회
- 현대문예 등단
- 현대문예 동부작가회 회원

하얀 바람

시린 바람이 침묵과 동행
팔짱끼고 서서 창밖을 보는 뒷모습이
어디선가 본 듯

선 듯, 말을 걸지 못하고 쳐다만 본다
엊저녁 누군가를 애타게 그리다

문 - 득
또 다른 세상을 본다

낯익은 뒷모습
생시도 꿈인 듯
꿈에나서 꿈에 죽은 우리네 인생

아서라 !
존재 자체가 없는
하얀 바람인걸

망각의 늪

숱하게 걷던 길도
가을이 되면 길을 잃은 듯

그 자리에 멈춰 서 풀 벌레에게 묻는다

내가 누구이며
어디로 가는지

저녁노을이 타고난 자리
별똥별들이 우수수 떨어져

별 따라 나서본다
어느메쯤
그 어느메쯤,

나를 찾으려 떠난 길
결국 찾지못하고

망각의 늪으로 스며든다

들꽃

하늘에 별들이 떨어져 꽃이 되니
흩어져 올망졸망
이름도 없네

향기 없는 무명초에 들꽃이라 명명하니
향기 품어 산천을 흔든다

하늘의 별을 닮은 별꽃
들판을 닮은 야생화
두둥실 구름을 닮은 솜사탕화
새벽안개 속에 피어난 안개꽃
사랑님을 닮은 사랑화

꽃이 지면 어이하리
지지 않는 별꽃에

사랑님을 숨겨
영원히 피게 하리라

그곳에

바쁨이 모든 걸 망각
그러다 문 - 득
찬바람이 옷깃을 세우며 속삭일 때

어느덧
옛날이야기 속 열차를 타고
노란, 빨간, 파란 얘기들이 피어오른
머-언 하늘을 우러릅니다

푸르른 그곳엔
그리움과 슬픔도 꽃 빛 되어 나를 반기는데

하나의 문턱이 삶의 걸림돌이 되어도
아픈 사연 뒤로하고
회오리 속 타이머에 나를 안고 떠난다

삶은 파란 이야기
살아볼 가치는 내 영혼의 황홀한 몫

거울 속의 엄마 얼굴

거울 속에서 엄마가 계면쩍게 웃고 있네요
흰머리 몇 개를 새치라 우기시며 웃던
울- 엄마

이곳저곳의 흰머리에
골 깊어가던 주름살엔

너희들 키우느라 고생한
삶의 계급장이라며 웃으시던 엄마 !

어느새 뒤뚱걸음
나도 몰래 뒤뚱걸음

거울 앞에 앉은 나,
나는 어디에
엄마가 앉아
세월 한탄하시네요

들녘

따사로운 햇살과 함께
나란히 들녘을 걷는다

황금빛 물결이
출렁일 때마다

다가왔다 사라지는 가슴 아픈 사람
끝내는
고백지 못하고 떠나보내고

오늘도 노을빛에 그리움 담아 보냅시다

함께할 수 없는 사람이기에

구름 위의 저편

보랏빛 그리움과 달빛을 닮은 아련함
꿈인 듯 두둥실

오늘도
어제도
어제인 듯 긴 그림자
호수의 물빛이 시리다

긴 시간 여정이 채워진 행복의 빛과
서글픔이 교차한다

오늘도 말없이 구름 위의 교향곡을 울리며
떠나가는 배

구름 위의 서막이 서서히 황혼빛을 안고 물든다

가족여행

천고마비,
하늘은 드높고 말(馬)이 살찌는 계절

하늘을 쳐다보니 우수수 별빛이 쏟아지고
땅은 온통 울긋불긋 풍년이네

가족여행 텐트촌
오붓한 가족들의 불꽃놀이

장작불 피워 고기 구우니
육즙이 주르르
군침 흘린 건너산도 곁에와 한 점
달빛도 불 밝히고 한점

바다는 어둠 속에서 달빛의 섬광을 안고
은빛 금빛 광채로 분위기 연출하고

드높은 하늘이 속삭인다

행복하다고

가족은

여정

먼 ~ 길 떠난 뒤안길
못다 한 말 사무처
지는 노을 바라보니 붉게 피어오른
꽃 한 송이

눈이 부셔
눈을 감고
가슴으로 본다

건너집 감나무에 걸린
노을

핑계 삼아 주저앉아 술 한잔
너-도
한잔

넌, 누구니
긴 ~ 한숨

대답 없는 그림자
뒤돌아서 가네

김운남 (호)월광

광주교대 및 방송통신대 교육학과 졸업하여
초등학교에서 42년간 재직하다 정년 퇴임하였다.
퇴임과 함께 전남대학교 문예 창작 과정에서
지금까지 13년 동안 공부하고 있으며
문예 창작 지도사 및 국악사 지도자격을 취득하였다.
그동안 교육인적자원부 장관 및 교육 과학기술부 장관 표창을 받았
으며 대통령 황조근정훈장을 수여받았다.
제16회 아름다운 여수 가꾸기 백일장 장원 및
제26회 전남·광주 여성 백일장 장원,
제23회 여수시민백일장 운문부 장원등을 하였으며,
2015년 신년호 〈문학시대〉 신인상을 수상하여 등단하였고
2020년 〈현대문예〉 수필문학상 당선으로 등단하였다.
현재 한국문인협회, 현대문예 동부작가회, 여수수필문학회,
시낭송 동백회 정회원으로 활동하고 있다.

시집 : 먼 산에 비 묻어 온다(2019. 12. 20.)

김운남

비렁길 4코스 금오도

아름다운 섬 금오도
부를 상징하는 두꺼비 형상의 섬이다
대부산이 내려와 어부들과 노를 젓는 곳
망산의 햇살이 내려와 온종일 낚시하는 곳
천혜의 어장을 품고 있어 오징어 고등어 삼치 감성돔이
사시사철 파시를 이루는 곳
그중에 제일이 비렁길 4코스 심포마을이다
매화향이 온몸으로 스미는 동백 숲 터널에서 숲속 너머
청록색 바다를 바라보노라면 이 세상이 모두 내 것 인양
가슴이 부풀어 오르며 배가 불쑥 나온다

갈 바람통 전망대 아래 협곡은 아찔했다
저 좁은 비렁 바위에 붙어서 가난을 낚아 올린
어부들의 흔적이 눈물로 묻어 있다
눈에 들어오는 바위 둘
한 바위가 쪼개진 듯한 두 바위는 마주 보며 붙어 보려고
안간힘을 쓰고 있다 조금씩 조금씩 붙어 가고있는 중이다

그래 전생에 부부였을지도 몰라 엄지손가락 치켜올려 칭
찬 듬뿍했다

온금동 전망대는 바다로 쑥 내밀어 무섭기도 하고 설레기
도 했다
모두 들 함박웃음 터트리며 풍경 담느라 여념이 없는데
나는 사진첩을 정리하는 나이라서

깊~게 숨만 들이마신다

초심과 뒷심

동뜰 큰 샘골의 큰 얼굴 네모반듯한 논배미를
사촌이 샀다는 소문에 배가 슬슬 아프더니
창자까지 꼬였는지 허리까지 슬 슬슬 아파옵니다
훼방 놓기도 이미 떠나간 기차이고 어찌한담
고민하고 고민하다가 큰 샘골의
노른자위 논배미를 사겠다고 슬슬 나섰습니다

사촌이 샀다는 큰 샘골 논바닥에 말뚝 하나 박혔습니다
'아파트 진입 노'
햐! 희안합니다 먹은 것도 없이 눈으로만 봤는데
아프던 배가 슬슬 가셔갑니다
이윽고 뭉친 마음이 슬슬 풀리더니
나도 모르게 터져 나오는 소리
아니야 그래도 사촌이 사길 잘했어
마음이 뿌듯해집니다

이게 사촌지간에 마음입니다

청천 날벼락에

비 쫄딱 맞고 초심에 후회했습니다

여수로 오세요

힘이 들거든 여수로 오세요
여수엔 붉디붉은 동백꽃 섬 오동도가 있어요
이왕이면 높새바람 떠나고
마파람 일거든 오세요
오동도가 붉은 동백꽃으로 흐드러져 한 송이 꽃으로 보인
대요
만약 단둘이라면
용굴 전설 앞 포토존은
전세 내어 오셔야 사진을 찍을 수 있대요
겨울잠 자던 용도 잘 부르면 나와서 애교도 부린대요
착한 사람 눈에만 보였다고 해요

또 있어요

"너는 나의 동백" 사랑을 고백하듯 현수막 들고 있는 가랜드
"오늘도 참 예쁘다" 손을 잡고도 뭘 더 어쩌라고 애교 부리
는 가랜드

동백 숲속의 가랜드에서 소원을 빌면 당장 이뤄진대요

뽀뽀도 할 수 있대요

힘이 들거든 여수로 오세요

어우렁더우렁

봄볕 따사로운 고락 산에 벚꽃이 만발하여
연초록 실바람에 어우렁더우렁

양지 녘 산자락에 개간한
반 마지기 밭두렁에는 개나리가 만발하여 어우렁더우렁

흙 반 자갈 반 개간 밭에는
마늘 대파 시금치 취나물이 초록으로 어우렁더우렁

메마른 풀 섶에서 솟아오른 노랑 저고리 민들레도
보랏빛 저고리 앉은뱅이도
봄철의 인기 나물 머위꽃도 어우렁더우렁

눈 흘기고 있는 며느리 밑씻개도
울타리에 감겨 있는 철조망 틈으로 팔 하나 내민 느릅나무도
그저 좋아서 어우렁더우렁

더디게 찾아온 봄 햇살에 고락 산은 어우렁이 났다

이웃이라고 손잡고 더우렁이 났다

지금 고락 산은 어우렁더우렁에 푹 빠져있다

고락산 오름길

고락 산 오름길 따라
서로를 기대고 누워있는 낙엽들

상수리나무 개옻나무 꿀밤나무
서로를 꽉 보듬고 있지만 여전히 쓸쓸하다

한 세상이 가는 길이다

지난 세월 고이고이 접느라 미동도 없더니만
인기척에 돌아눕는다
차마 밟지 못하고 조심조심 옆으로 걷는다

억새밭을 디디고 올라오는 바람
바람 따라 날아가야 하는 억새 소리인 듯 쉬쉬 불어온다

뱅그르르 날아오르려던 나뭇잎 다시 떨어져
허공에 아쉬움을 토해낸다

푸르고 붉던 시절이야

매미 와서 노래하고 고라니 와서 실룩대고 청솔모 무등 타고

그네 타던 거미까지 가족이었건만

입동이라니 내일 아침 무서리가 내리기 전에

한없이 아쉬워도 세월에 날리며 돌아가자는 소문이다

봄이면 그 길 따라 다시 올 것이다

봄 마중 간다

패딩으로 감싼 등산객들이 쑥덕거린다
봄은 겨울에 맞아 죽었느니
발병이 나서 입원 중이니 야단법석들이다

그렇지만 봄은 이미 내려와
산다화 흐드러진 바위틈 아래 옹달샘에서
꽃단장하는 중이라는 소문도 파다하다
문득
신병은 교수님의 시 창작 강의 주제
'시는 쓰는 게 아니라 줍는 것
사물의 그 너머까지도 들여다보라' 하셨다
시를 줍자고 비에 젖은 산길을 오른다
나무다리 밑도 들여다보고 고샅길도 오르지만
시가 보이지 않는다
봄 마중 가다 시 한 수 줍게 되면 일거양득이 아닌가
어서 가자 바삐 가자 시 한 수 줍자

야 이거 쉽지 않네

나는 야 옹달샘에서 꽃단장하는 봄을

마중 가는 길이다

그리움만 쌓아놓고

불과 얼마 전만 해도 집을 나설 때
'얼른 오소' 하면 속으로 두런거렸고
'넘어지지 마소' 해도 구시렁거렸는데
참말로 그때가 좋았어요
이제는
'얼른 오소'
'넘어지지 마소'
하던 소리를 들어볼 수도 없어요
그리움만 쌓아놓고
어둠 속으로 가버렸어요
그림자도 없어요

아무도 안 사는 집은 빈집이 아니에요
빈집은 혼자 사는 집이에요
빈집에 살고 있어요
해가 떠도 반갑고
비가 와도 반갑고
창가에 기웃대는 달빛도 반갑고

그래도 고것들이 빈집을 채우기도 합디다

빈집은 고통이에요

고통은 떠날 줄도 모르나 봐요

우리는 부부예요

이 벽엔 아내가
저 벽엔 남편이
딴생각으로 걸렸는데
모서리에서 만났어요
입을 삐쭉하고 홱 돌아서
아내는 요 벽으로 종 종 종 걷고
남편은 고 벽으로 겅중겅중 걸었는데
모서리에서 또 만났어요
꼭 껴안고 크게 웃었어요
벽들도 실눈을 뜨고 하하하 웃었어요

이젠 모서리에 당신이 없어요
입을 삐쭉거리며 걸어올 것만 같아 소리죽여 걷다가
허공을 안고 뜨거운 눈물로 멈춰서요

우리는 늘
모서리마다 사랑이 쌓였는데
지금은 그 사랑이

나를 조용히 감싸는 벽이 되었어요

여보
이 삶의 끝 모서리에서 다시 만나
꼭 껴안고 크게 웃어요

삶은 다 그렇게 힘든 거라고

한결같은 마음으로

이랴, 이쪽으로
저랴, 저쪽으로
고개 숙여, 아래로
고개 들어, 위로
흔들어, 좌우로
도리도리 쉴 새 없이
거실 주방 건넌방 끌려다니며 열심히 일했다고
모자를 벗기는 순간 와르르 옥구슬이 쏟아진다

그 더운 여름날 냉수 한 잔 주는 이 없었다고
발로 쿡쿡 눌러 일만 시켰다고
머리가 아프다고 털털거려도
손바닥으로 툭툭 치기만 했단다
틀어진 고개로 째긋이 쳐다보는 녀석이 미안했다

서 있던 다리도 앉혀주고

얼굴도 예쁘게 닦아주고
물방울무늬 바바리도 입혀주며 다독거렸다
삶은 다 그렇게 힘든 거라고
함께 흔들리며 살아가는 거라고

엿듣기라도 했는지
해님이 아미타불 웃음을 보낸다

김인순

- 광주교대 졸업
- 한국방송통신대학교 국어 국문학과 졸업
- 초등학교 교사로 정년퇴임
- 전국 주부교실 여천 지회장
- 여수시 여성단체 협의회 부회장
- 전라남도 도정 평가위원
- 독서 지도사 자격증
- 교육인적자원부 장관 표창
- 제23회 전국 시조 나주 경창대회 명인부 장원
- 제11회 전국 한마음 한소리 시조, 가사, 가곡 경창대회(안양) 국창
  부 장원
- 제20회 전국 시조, 가사, 가곡 경창대회(제주시) 대상부 장원
- 현대문예 시부분 등단
- 여수 동부작가회 회원
- 현대문예 추천문학상 수상

김인순

섬

태고적부터 하늘과 바다는
서로 사랑하여

심술쟁이 바람과
질투쟁이 구름을 피해

섬이라는 외로운 땅으로
숨어 왔지요

우리만의 섬은
밀려오고 밀려 나가는
사랑스러운 노래로
행복해하고

철썩철썩 어루만지는
손길에 하하하!
참았던 웃음을 내뱉곤 하지요

5월

찬란한 봄 뜨거운 여름
무지개다리 오월의 꽃송이

소망의 하늘
순례자의 땅
이어주는 묵주기도

성모 마리아~

뻐꾸기

오월이 되면 찾아오는
나의 님, 정령이여!

내 작은 가슴에
사랑과 슬픔을 남겨둔 채
황망히 꽃상여 타고 떠나던
나의 님이여!

그날이 잊혀질까 봐
오월이 되면 어김없이
또다시 찾아오는구려!

아침이면
뻐꾹 ~ 뻐꾹 ~ 뻐꾹
어서 잠 깨어 다시 만나자고
나를 부르고

저녁이면
뻐꾹 ~ 뻐꾹 ~ 뻐꾹
내일 다시 보자고

오늘도
그대의 아름다운 모습 잘 보았고
함께 있음에 감사하다고
뻐꾹 ~ 뻐꾹 ~ 뻐꾹

좋아하던 아카시아 향,
찔레꽃 향기도
꽃상여 타고 홀연히 떠나던
그대처럼

이제는 흔적 없이 떠나려고
울고만 있구려
뻐꾹, 뻐꾹, 뻐꾸기

어버이날

일 년에 한 번이라도
기억해 보라고
어버이날이 있다

자식들을 키워낸
열성과 사랑을 느끼며
감사하라고

내가 부모가 되어 보아야
부모의 아픔과 고통
사랑을 느낄 수 있어서

늦게라도
무한한 사랑에
감사의 꽃 한 송이를
드릴 수 있게

아카시아

오월이 오면
풍성하게 잔치 여는
아카시아 꽃

줄기마다 아롱아롱
휘 늘어진 가지마다
담뿍 매달은 팝콘 꽃

은은하고 고요히
내 맘에 들어와
화 알 짝 웃고 있는
아카시아 꽃

달콤하고 맛있는
아름다운 향기로
추억 속으로 초대해 가는
아카시아 꽃

찔레꽃

고즈넉한 들길, 산길
어우러져 조용히 웃고 있네

어디선가 찾아오는 손님
기쁘게 맞이하려고
아름다운 향기, 우아한 자태로
손님 맞기에 분주하네

깨끗하고 순결한 하얀색
부끄럼으로 물든 엷은 분홍색으로
옷맵시 다듬고 사랑으로 가득 찬
예쁜 미소로 기쁘게 맞이하네
나를.

혼자서는 예쁘다고 자랑하지도
나를 봐 달라고 시샘도 못 하는
함께 어우러져야 눈에 띄는
사랑의 꽃

진실된 마음으로 가까이 오는

그대에게

순결한 사랑으로 보답하는 꽃

찔레꽃

의자

온종일 기다립니다
그대를
한 조각 그늘과 살랑거리는
바람과 함께

하루의 일상이 버거워
힘들고 지칠 때
사람들 간의 소통이 소원해져
외로울 때

가족 간의 동떨어진 괴리감으로
무력감을 느낄 때

혼자서 슬퍼하고 외로워하지 마세요
당신을 기다리는 내가 있으니
와서 잠깐 머무르고 쉬었다 가세요

한 조각의 그늘과
살랑거리는 바람 한 점으로
당신을 기다리고 있답니다
무한한 사랑으로
친구가 되고 싶어서

바람이

바람이 한들한들
나뭇가지를 춤추게 한다
이리 흔들 저리 흔들

찡그리고 움츠렸던 나뭇가지들이
마지못해
이리 흔들 저리 흔들

따사한 해님도 반짝반짝
바람과 함께 춤춘다
덩달아 춤춘다
이리 흔들 저리 흔들

온 나뭇가지 다 같이 춤춘다
온 세상이 춤춘다
이리 덩실 저리 덩실

바람과 해님이 나뭇가지 흔들어 대니
푸르른 초록이 신비스러운 윤슬로 빛난다

바람과 해님이 나뭇가지 얼싸안고
빙글빙글 돈다. 어지럽게
그러나 아름답게

백목련

해 뜨는 이른 아침에
찬란하게 빛나는 그대

사랑을 가슴에 품은
아름다운 이들은
가는 발걸음 잠시 멈추고
그대 위해 찬가 부르네

도톰한 입술로 바람결 따라
흥겹게 노래하는 그대를
햇살은 꽃잎마다 사랑으로 입맞춤하고
환희에 찬 몸짓으로 춤추네

소망을 기도하는 촛불 봉오리
꿈을 이룰 수 있는 희망을
꽃잎마다 약속하고

다 타버린 횃불처럼 흔들리는

바람결 따라

조용히 조용히 내려앉네

김현애

- 한국미술협회 회원
- 여수미술협회 회원
- 현대문예 회원

김현애

가을비

색색이 물든 여러 가지 단풍잎에도
오랜만에 가을비가 내린다.
이른 새벽 동이 틀 무렵인지
산속에 나뭇잎들이 꿈틀거린다.

새색시 걸음걸이처럼 사뿐히 시작하는 비
푸른 정원이 아름답게 펼쳐진 숲속에서
가야금 튕기는 소리처럼 한 방울 두 방울
시작하는 비

그 빗소리에 장단을 맞추어
그대와 함께 너울너울 춤을 추어본다.

그립고 또 그리운 어머니

나리꽃이 필 무렵이면
더더욱 생각나는 어머니

흘러가는 시냇물 흥에 겨운 노랫가락에
모든 걸 다 띄워 보내고
흘려보낸 줄 알았건만

많고 많은 시간이 지났어도
왜 이리 더더욱 선명하게 그리워질까요

오늘 밤 꿈속에서 꼭 만나요
어머니께서 젤 좋아하는 나리꽃을
한 아름 안겨드릴게요

노치원

눈송이가 이리저리 나부끼고
차가운 바람이 살갗을 여미는 아침

유치원에 가는 아이들은 꿈을 안고
초롱초롱한 눈빛으로 싱글벙글거리며
아장아장 걸어가고

나이 들어 병드신 시어머님은
초점 없는 눈빛으로
기저귀를 차고 엉금엉금 기시네

노년의 길은 그 누구도 피할 수 없는
운명의 길이기에 따를 수밖에
세월아 제발 더디게 가다오

나만의 작은 섬

내 심상 깊은 곳에 고운 햇살 가득 받은
세상에서 젤 아름다운 작은 섬 하나 있다

꿈과 희망으로 설렘이 있는 곳
그 작은 섬에 때로는 성난 파도와
비바람이 밀려와 흔들어 대어도

나무와 숲으로 철통같은 방어막을 쳐서
여리디여린 내 작은 섬을
하늘이 부르는 날까지 지켜

아주 단단히 부서지지 않게
꼭 붙잡을 것이다.

당신과 나

얼마큼 우리가 더 이승에서
두 손을 꼭 잡고 걸을 수 있는지
어떤 날은 서로 두 마음 통해
웃음꽃 활짝 피워
하하 호호 담 넘어가고

어떤 날은 당신께서 내 가슴 속 깊이
비수를 꽂아 피눈물이
내 가슴 깊은 곳에서 하염없이
솟아올라 통곡의 밤이 되고

어떤 날은 새로운 희망의 깃발을 들고
힘차게 행진하는 당신과 나
개똥밭에 굴러도 이승이 좋다고
울며 웃으며
두 손 꼭 잡고 오래오래 함께해요

노란 등불 속으로

길가의 고운 은행잎들
샛노랗게 물들어있네요
회색빛 도시를 노란 등불로
환하게 밝혀주는 가을

이토록 고운 색의 등불을 켜기까지
얼마나 힘들었을까
아름답게 물든 노란 융단 위로
그대와 다정히 두 손을 꼭 잡고
콧노래를 부르며
하염없이 걷고 싶네요

날고 싶다

꿈이 아닌 현실에서
어느 곳이든 훨훨 날아가고 싶다

오늘은 스위스
내일은 이탈리아
모레는 이집트

세계 이곳저곳 가고 싶은 곳
어디든 떠나고 싶다

날개여 날개여 활짝 펴다오
어디든 날아갈 수 있게

청보리

청보리가 춤을 추는 여름이 오면
내 마음도 덩달아 가슴이 설레인다
무더운 여름날 소낙비가 내리고
맑게 갠 오후
냇물이 흐르고 있는 언덕 위 청보리에 매달려
이 세상 모든 근심 걱정 버리고
휘파람을 불며 흥에 겨워
그네를 타고 있는 청개구리
내 마음을 함께 실어
저 멀리 저 높이
내 꿈도 함께 띄워 보내본다

진달래꽃이 필 때면

온 산에 진달래꽃
분홍빛으로 물들어 갈 때면

나 또한 덩달아 황홀감에 젖어
자연의 아름다움에 찬사를 보내고
또 보내본다

고운 진달래꽃 보기 위해서라면
추운 겨울도 충분히 견딜 수 있다

올봄에도 변함없이
그 깊은 산 속에서 아름답게 피어
나를 감동시키네요
진달래꽃아 고맙다 고마워

박희도

박희도

- 전남대 경영대학원(제20기) 동문회장 역임
- 서울문학(2015년) 가을호 시부문 신인상
- 현대문예(2017년) 여름호 수필부문 입상
- 사) With pen 문학협회 상임고문(현)
- 사) 한국문인협회 전남지부 회원(현)
- 사) 한국문인협회 여수지회 회원(현)

- 사)한국 국·공립대학 시낭송가, 스피치지도사 자격증(2급) 취득
- 사)한국 국보문인협회 주최
  한국 문학신문 주관전국 시낭송대회(제1회) 대상

섬과 바다

섬은 바다를 꼭 껴안고
바다는 섬에 동그마니 길 열고
서로는 필연의 상생 관계

파도가 으서져 깨지는 날
섬과 바다는 서로 공존공생

그리움 안고 가고 싶다
남쪽 바다 그 섬 따라

만종

꿈속에 산천은 그대로인데
어이타 친구들 소식이 없네

바람 같은 세월 속에 벗인들 있으리오

아뿔싸! 세상 모든 것
인연 따라가고 오는 것을

오호라 이 찰나 회한 없이 살다가 가세

흔적

영원한 소유는 없지
그 어느 것 하나도

빛바랜 원고지에
찍은 점들만
흔적으로 남아 있을 뿐

떠날 때 가져갈
아무것도 없지

어스름 나이에 드니
어디에도 없네, 내 길동무

갈매기 꿈

바다 너머 미풍이 불어오고
드높은 돛배 안에
나 홀로 잠 못 이루네

넓게 트인 하늘엔
보름달 드리우고
달빛에 일렁일렁 추억이 흐르는데

청춘의 꿈 사라지고
작은 새 구름 되어
이리저리 떠도니
갈 길 몰라 헤메이는 마음
나는 한 마리 갈매기여라

길 위에서 길을 묻는다

꽃 같은 시절엔
다시 일어설 열정있어
생각이 깊어지고 지혜가 쌓이면
삶을 알아 가려니했었지

흰 머리 생겨나고
그 길에서 만난 사람 속에서
남의 생각을 인정 못 하는 아집
남이 아니라 내 자신임을 알았지

앞서 지나간 수많은 사람들
그 길을 바라보며
지금 가고 있는 길이 옳은지
정녕 올바르게 가고 있는지
길 위에서 길을 물어야 할 터

삶이란 떠나는 것이 아니라
다시 돌아오기 위한 것이라고
어느 시인이 알려 주더군

어머니

눈감아도
눈떠도 그려지는
아련한 추억 속 얼굴
장작에 불 지펴
부지깽이로 뒤척이시며
고구마 구워
김치랑 먹여주시던 손길

아랫목에 이불 깔아
그 속엔
식구들 밥그릇 묻어 놓고
방 한쪽은
가족 먹거리 고구마 뒤 주
꿈에도 잊지 못할 어머니 사랑

별 보고 나가셨다가
별 따라 귀가하신 어머니
우리에게 부지런함을 물려주신
따뜻한 구들장
아랫목 같은 내 어머니
칼바람 이는 오늘따라
너무도 보고 싶다

소중한 당신

모래알처럼 많은 사람 중에
우연이 아니라
필연의 만남으로
내곁을 지켜준 당신

긴 세월 살아오면서
밥상을 가장 많이 차려준 당신
나 때문에 가슴에 멍이든 당신
착한 마음씨로 믿음을 주고
무언으로 내조한 당신이

병원 수술대에 누워있는 모습을 보며
아무것도 할 수 없는 나
그저 바라만 볼 수밖에 없는 나
한없는 뉘우침과 후회 속에
참회의 눈물로 내 가슴 멍들었소

이제 나 당신의 손과 발 되어

받은 만큼 못다 한 빚 갚으며

소중한 당신 위해 살리오, 사랑합니다

그런 사람

눈에 담으면 사랑을 느끼고
마음에 담으면 온기 느끼고
대화를 나누면 향기 느껴져
위안이 되는 그런 사람

꽃같이 웃는 얼굴에
물같이 부드러운 말씨
더 주고 덜 받음에 섭섭해 않으며
스치는 먼 회상의 기억 속에서도
반가운 그런 사람

혼자 견디기엔 슬픔이 클 때
부르면 언제나 달려올 수 있고
흉금을 털 수 있는 그런 사람

살아가면서

그 사람 괜찮은 사람이라고

문득 생각나

빙긋이 미소 짓게 하는

당신이 바로 그런 사람

다 지나가리라

사노라니
먹구름이 햇빛을 가리고
세찬 비바람이 폭풍우를 몰고 와
한 치 앞이 보이지 않는 나날이 있었다만
몸과 마음 낮추고 기다리다 보니
밝은 날 찾아오더라

사노라니
바늘 하나 꽂을 자리 없는 옹졸함
모든 것 다 주고 싶은 너그러움
마음 하나 비우지 못한 탓인걸
푸르른 청산이 알려 주더라

지나간다 모두 다
미워했던 사람도 사랑했던 사람도
가진 것도 빈손
빈손도 다시 채워지는 것을
바람도 구름도 세월도 다 지나가리라

세월아 쉬엄쉬엄 가려무나

인생은 소풍
아침에 눈 뜨면 해 보고 웃고
저녁에 눈감으면 달과 별 찾아
쉬엄쉬엄 가는 것 애타지 않는 것

삶의 스승은 책이라 하지만
흘러가는 시간 속에서 정답을 찾는다
세상에 영원한 것 없듯이
아집과 집착 버리는 자유로운 삶
어우렁더우렁 가는 것이 수행의 길인걸

시간을 낭비했던 순간은 방황이었고
시간을 지루하게 한 것은 기다림이며
서운하게 했던 시간은 이별의 시간
아름답게 꽃 피던 찰나는
사랑했던 시간이였음을

성승철

전남 여수 출생, 단국대, 순천대대학원 졸업, 詩전문지《유심》등단 (2009년) 순천문인협회 회장 역임, 현) 한국시인협회, 전남문인협회 회원, K-W예술상 수상, 법무부장관상, 국무총리상, 대통령근정포 장, 공저시집 『바람으로 가자』 『뒷발의 힘』 『건초의 시간』 등 다수. 현재 여수에서 법무사 사무실 운영 중.

성승철

근황

꽃이 피는 줄도 몰라
그대가 피는 줄도 몰라

사람들이 떠난 고향의 언덕에서
돌아올 멸치들을 기다려야 하고

이 폭주하는 사월의 선거에서
키 작은 개나리들의 횃불이
꽃을 피워야 하고

늙으신 어머니를 괴롭히는
입맛 없는 밥그릇이
사랑을 받아야 하고

멀리 있는 외로운 그대가
벚꽃 아래에서
아름답게 만개해야 하고

그래서 무작정 대드는
뱃살도 몸살도 세월도
어떻게 알고 피해 가는 요즘

꽃이 지는 줄도 몰라
그대가 지는 줄도 몰라

팽나무

작은 하늘 같은 푸른 이파리들
왕관처럼 둘러쓰면 용주리 역사가 열리는
팽나무 밑에 가보셨나요

철없는 매미들 몸이 닳도록
불러대던 노래 속으로
돛배 타고 군대 간 삼촌이
하얀 유골함으로 돌아오고

네 살배기 내가 멱감다가
까무룩 잠이 들고
옥수수 고추 개구리참외가
멸치와 디포리로 몸을 바꾸던 곳

아버지의 수심의 깊이 가늠하며
멸치 속이는 그물을 짓고
소곤거리는 비밀과 이야기들이 모였다가
종종걸음을 치던 비밀의 사랑 같은 곳

밀물과 썰물에 시달린 물고기와 새들과
독수리 부리 같은 땡볕에 지친
어선들 민박처럼 쉬어 가고

술래잡기와 나무타기 하던 유년이
눈물의 꽃상여로
마지막 인사를 드리는

수백 년 나이 잊은 어르신이
내미는 의자 받으면

동문 서문 굴강 벅수의 고돌산진*이
조금날 새벽 멸치처럼 튀어 오르는
팽나무 그늘에 가보셨나요

* 조선 성종 때 여수시 화양면 용주리 고내에 설치된 수군진성으로 종4품
  만호가 수장이었다.

큰샘*

왕조실록의 한 페이지를 장식한
옛 진성(鎭城)의 수호신이
세상 먼지 다 받아내며 엎드려 있다

큰 물동이 작은 물동이 자리다툼 하던 자리
지나던 강아지 투덜투덜 적막의 무게를 달고
길고양이 기다림의 깊이를 잰다

가막만 땡볕 누빈 고돌산진 수군들의 갈증과
밤새운 멸치잡이 사내들의 비릿한 발길과
용의 기운으로 태어난 애들
첫울음 받아주던 곳

아낌없이 퍼주는 마음도 모르고
물 한 바가지도 못 되는 나를
늘 젖은 손으로 반겨주고

섣달 그믐밤 두레박질 소리

가슴 밑바닥을 긁어대고

꼭두새벽 긴다 불쑥 들어온

누님의 언 발이 나를 깨울 것만 같은

할머니의 훈훈한 입김 같은

설날의 쑥 향이 꿈결처럼 흐르는,

깊이와 바닥을 가늠할 수 없는

호박 꽃잎 등불처럼 달고 기다리는 샘

* 조선 성종 때 여수시 용주리 고내마을에 설치된 고돌산진성에 있는 샘

노폐물

개나리 진달래 벚꽃이 차려준 점심
누군가 우엉차를 건네며
노폐물 해소에 좋다고 한다
나는 몸 전체가 노폐물이라
그걸론 어림도 없다고 했다

그보다 이 몸을 만든 산천이
피처럼 흐르는
이 산하가 걱정이라고

심야 호수의 달그림자 무리 앞세워
산천초목을 나락의 강으로 밀어 넣은
재활용도 기대할 수 없는

어느 노폐물의 몽상과
재선충처럼 푸른 산천의 영혼을 갉아먹는
법비(法匪)들과 깃발들 나팔들이 문제라고

그들의 고함이 노폐물처럼 쌓여 가는
죄 없는 나무들이 고산의 설원 같은 광장을
짊어진 불면(不眠)의 길이

개나리 진달래 벚꽃 피고 지는
고국산천이 더 우려스럽다고

명암

어느 재벌 죽으니
세상이 그의 명암을 해부한다

일류 회사 만들었다고 빛나는 얼굴 키우고
노조 막고 회사 대물림했다고
어두운 그림자 크게 키운다

남도 끝자락 빈한한 어촌에서
돈 되는 고기잡이보다
친교와 인심 버는데 인생을 더 소비한
아버지의 유전을 받은 나

인생도 사랑도
과녁을 피하는 헛발질만 늘렸을 뿐
밥벌이와 문학과 문단 사이에서도
오지랖과 방황의 명함만 키웠을 뿐

그 어떤 빛나는 얼굴 하나 키우지 못하고
명과 암 그 어느 쪽도 아닌
신뢰보단 배신의 그림자만 드리우며

허공에 내지르는
분노의 볼륨만 키우다가
하루가 또 저문다

사진

사진을 찍고 있었지만 사실은
저마다 표정을 그리고 있었다

무슨 혁명의 전사나 되는 양
서로 몸을 껴안고
허공에 손가락 하트를 날리고
팔짱 끼고 선글라스로 마음을 가리고

이탈해 버린 영혼을 들키고 싶지 않았는지
억지스러운 표정과 미소로 덧칠하며
풍경과 풍경의 틈새를 채우고 있었다

바람의 등을 타고 내려서는
새들의 순한 날갯짓으로
반짝거리는 갈대밭에서
뜬금없는 낮도깨비들이냐고
갈대들이 수군거리는 줄도 모르고

조국의 사지를 비틀다
단죄받은 주역들의 사진처럼

내용 없는 구호와
감당할 수 없는 이름을 걸고
연출하는 박수 소리가
작별을 알리는 조종 소리처럼 들렸다

무릉도원

고요와 평화의 공원에 갔더니
아름다운 새들의 노래가 노닐고
나무들은 반가운 악수를 청한다

동서남북 문을 모르고 뛰었지
어느 예술인의 어설픈 울타리가 되었다가
싸움질하는 형제의 중재자가 되었다가
사기당한 남자의 방패가 되기도 했지

나는 그들의 혼란스러운 마음의 공원에
제대로 핀 꽃이 되기나 했을까
진정 든든한 가슴이 되기나 했을까

새들과 나무들의 말을 제대로 듣지 못하고
진리와 진실의 주변만 겉돌며
헛발질만 일삼고

맨발 같은 속내 한번 보여 주지 않아도

새똥 같은 눈치 한 번 주는 법 없이

아침의 미소와 노래가 열리는

고요와 평화가 피는 무릉도원을 잊고 살았다

생명의 탑
_백운산에서

봄바람 같은 꼬리 흔들어대던
다람쥐 주검이 하산길을 막고 있다
또 누가 이 깊은 산 속살까지 들어와
푸른 잎 같은 생명의 탑 무너뜨렸는가

고요도 멈춰버린 시간의 숲에
오돌오돌 떨며 주검 옆 지키는
피 묻은 버찌 몇 알

제대로 정산되지 못한
선혈로 쓴 계산서에
흰구름이 떨구는 마른 눈물에
산벚나무 산철쭉 전나무들
붉게 눈이 부었고

퍼렇게 질려버린 봄산에서
언제였던가 홀로코스트 구덩이
보던 눈에 낙엽 같은 주검의 탑

하나 더 올린다

겨울 설풍 뚫고 백운산이
신령한 기운 모아 쌓은 생명의 탑
레드카드 날리고 무너졌다
손바닥 만한 무덤으로
조시 한 수 올렸다

흐른다는 것은
_동천에서

저 강물
그냥 흐르는 게 아니다
까닭 없이 바다로만
가는 것만이 아니다

저녁 거리 위해 외발로 선
저 백로의 허기와
먼 길 날아온 새들의 안부와
지난 태풍에 쓰러진 능수버들의 슬픔을
일일이 잡아주며 보듬고 간다

내가 당신에게
흐른다는 것도
그냥 스쳐 지나가는 것이 아니다

외발로 선 당신의 허기와
쓸쓸한 안부와 슬픔을
모두 관통하여
삶의 바다로 함께 흘러가는 것이다

성해석

성균관대학교 졸업, 사회복지 경영학박사

- 현대문예동부작가회 회장, 한국문인협회 회원, 전남문인협회 회원, (재) 여수장학회 이사장
- 전남을 사랑하는 모임 회장, (전) 광주, 전남재향군인회 회장, (전) 여수시의회 의장
- (전) 전라남도의회 의원, 2010 현대문예 시 등단, 2011 현대문예 수필 등단
- 수필집 : 『새벽녘(2017)』, 『나의 꿈 우리들의 꿈(2011)』
- 시집 : 『바람은 혼자서 그렇게 불었나 보다(2020)』
- 장편소설 : 『성삼문의 약속(2023)』
- 신곡 : 2024 '아름다운 여수로 가자', 2025 '가을비', '여름날의 사랑' 발표
- 수상 : 대통령 개인 표창 2회, 단체표창 1회, 소파 문학상, 현대 작가 문학상, 대한민국 향토 문학상, 향군 대 휘장, 풀뿌리 혁신 의원상, 국제라이온스 국제봉사상 외 다수

성해석

학창 시절 대학은 달랐어도 서울에서 8명의 여수 친구들은 고향을 잊지 말고 열심히 공부하여 장학금을 받자는 취지 아래 yeosu friend club(Y, S, F, C)를 만들어 매월 만나 우정을 나누곤 했다. 그리고 방학 때 고향에 내려오면 꼭 부산이나 마산으로 가는 뱃머리 선착장에서 정박한 배들을 보며 밤하늘 별들과 함께 산타 루치아를 부르곤 했다. 8명이던 친구 중 6명은 서울에 있고 2명만 부모 사업으로 여수에 내려왔고 그중 한 친구가 50세 나이에 요절하여 그때 여수 밤바다를 생각하며 2015년 처음으로 지은 애잔한 노래가 마음을 울리는 '추억의 여수 밤바다'이다.

1절
비나리고 파도치는 날 실바람이 불어오면 그 사람 생각이 난다
항구의 채취는 가슴 깊은 곳을 울리고
정박한 배들은 내일은 어디로 가나
화려한 네온사인 불빛이 검은 바다 위로 반사되면
먼 옛날 선착장에서 밤하늘 별들과 함께 노래한
아련한 추억이 서린 곳
여수의 밤은 깊어만 가고 마음속엔 그 시절 생각이 난다

2절

파도 소리 방파제 울리고 뱃고동 소리 들려오면 누군가 그리워진다

바다의 속삭임은 슬픈 연가로 유혹하고

수많은 섬들은 저마다 외로움에 지쳐

오동도 숲속에서 그대와 외로운 밤 배들 바라보며

새벽이 오기 전에 우정을 나누며

멋진 꿈 담아 가슴속 시름을 달랜 곳

여수의 밤은 깊어만 가고 마음속엔 그 시절 생각이 난다.

　　이후 가요는 여수를 사랑하는 마음이 저절로 우러나도록 만들어 보자는 결심으로 2016년에 '아름다운 여수로 가자'를 작사, 작곡하였으며 이후 '그리운 당신' '8월이 오면'을 2017년에는 '가을비' '비 내리는 종포거리' 2018년에는 '봄이 왔어요' '오월의 푸른 어느 날' '힘찬 미래를 향하여', 2019년에는 '진실한 사랑' 총 10곡을 작사 작곡하였으며 현재 이 중 5곡을 올해 안에 발표하려는 하는 중이다.

섬은 말한다

무언가를 말하고 싶어요
그래도 침묵하는 너

구름과 바다를 벗 삼아
외로움을 털어내고

묵묵히 홀로 있는 그대에게
사랑하는 법을 배운다

눈을 감아보다가
눈을 뜨면
섬이 다가온다

바다가 파도에 반짝이면
섬은 말한다

일렁이는 파도 매혹적이며
멋있지 않으냐고

비 두드리는 소리

뚝뚝 뚜두둑
비 두드리는 소리는 오케스트라
어떤 악기로도 흉내 내지 못하는
마음의 소리다

공허한 마음을 음률에 맞추어
두드리다 보면
외로움도 슬픈 이야기도
묻혀 간다

누구에게나 영감을 줄 수 있는
소리의 세계

알 듯 모를 듯 환상에 젖어 들면
그리움이 몰려오고
마음을 매혹하는 유혹의 손길

당신의 소리는
평온을 주는 안식처이다

그래도 봄은 오네요

새싹을 피우려고 재촉하는데
추위는 떠나지 않고 방황하고 있고
세찬 바람 휘몰아쳐
나의 마음 빼앗아 가는구려

혹독한 초봄의 채취는
나를 더욱 단단하게 만들어
튼튼하고 강한 새싹을
피우려 하는가 보다

봄이 빠른 걸음으로 오려고 하는데
겨울은 봄을 보내기 싫은가
질투를 하는가 봐요

시간이 흐르다 보면
차가운 비바람 멀리 보내고
훈훈한 향기 대지를 적시면
그래도 봄은 오네요

4월이 열렸다

길 양옆으론 화사한 웃음을 머금은
벚꽃이 얼굴을 드러내며

아파트 앞 둔덕에는
노란 개나리꽃이 수줍은 듯
인사를 한다

봄바람이 간지러운 듯한 미소를 지으면
따스한 햇볕은 날 유혹한다

봄의 향기가 여기저기 가득하다
이런 좋은 날
모든 것에 감사할 따름이다

허공을 향해 크게 외쳐본다
아- 봄이여
당신을 너무 좋아한다고

벚꽃을 바라보며

눈이 부시다
나의 몸 불사르며
활활 타오르는 색은
또렷한 색이 아닌
그리움을 담은 색이다

바람이 불어오면
연약한 몸체가 휘날리는 모습
당신께 나의 모습 보여 주기 위해
사뿐히 내려앉은 그대

아름답지만
당신만을 생각하는
그대 향한 내 발자국에
왠지 울컥한 마음이 든다

오월처럼

물오른 수묵처럼 싱싱한 사랑을
구김살 없는 햇볕이
아낌없이 축복을 쏟아내는 오월
한 송이 꽃이 되어 피어나라

미루나무잎이 바람에 흔들리듯
그렇게 사람의 마음을 움직이게
하고 싶은 달

저 연초록의 입술들
저 곱고 순수한 빛의 오묘함을
사랑이라 부르지 않는다면

오월처럼만 싱그러워라
오월처럼만 숭고로워라
오월처럼 풋풋한 사랑의 이야기를

애잔한 6월의 꿈

가슴 시린 그대여
변함없는 그대여
온 대지 청록으로 변하고
꽃은 저마다 아름다운 모습으로
피어올라
보는 이의 가슴을 행복하게 하는데

6월이 오면 생각나는 애잔한 사연
먼 곳에서 들려오는 나팔 소리에
가슴 뭉클해진 달이여

조국을 지키기 위해 꽃다운 나이에
몸 바쳐 희생한 용사들이여

이슬처럼 사라져도 우리 기억 속에
영원히 남아 있을 거예요

애잔한 추억의 뒷모습 남기며
다가올 따가운 햇살의 여름 안고
살아가는 우리

아- 위로와 안식을 바라는
6월을 꿈꾸며

백두산자작나무

하얀 옷을 입고
당신을 기다리는 마음
그건 나의 운명인가 봐요

순수함은 나의 상징이니까요

나의 올곧은 마음 전달하고자
하늘만 바라보고 있어요

추우면 추울수록 하얀 눈꽃이 좋아
함께 살아요

시간이 한없이 흘러가도
하얀 옷을 입은
나를 잊지 말아요

유경자

유경자

- 홍익대학교 미술학석사(회화) 졸업
- 〈현대문예〉 시(2017), 수필(2018) 등단, HK Art Space(홍경갤러리) 대표
- 국제예술문화상, 문예문학상, 미술종합대상(국회의장상) 외 다수
- (사)한국문학메카본부 운영위원, 전남여성작가회 부회장, 전업작가회 부회장, (사)현대문예작가회 이사, (사)한국미술협회 이사, (사)여수종고회 이사, (재)여수장학회 이사, 동부작가회 사무국장, 여수문화나눔공동체 감사
- 한국통합예술치료상담협회연구 강사 & 동부지부장, 한국컬러테라피학회예술위원
- 민주평통자문위원, 도민감사관, 전남문인협회 회원
- 장애인 글짓기 심사위원, 무궁화박물관 관장 역임

나란히 흐르는 마음 Ⅱ

말없이 물끄러미 바라보는 당신
파란 마음 물길 따라왔다

우리 몇 겹 윤회 거쳐
같은 자리 나란히
섬에서 섬으로
심연을 담았을까

닿을 수 없는 거리
다름으로, 서 있으니 좋다
그리움 멀리 가지 않도록
고요히 깊게
바라볼 수 있으니.

부부의 정원 일기

흙 내음 스민 화실 화단엔
그의 손길이 먼저 다녀간다

장미 곁 머문 바람에
물감 뿌리듯 햇살이 흔들리고
한 땀 한 땀 심은 풀잎엔
그의 마음이 꽃들로 피어났다

하루 중 가장 예쁜 시간
나는 그림을 그리고
그는 꽃을 심는다

꿈을 심는 정원
물주는 그의 발길 따라
아직 그리지 않은 풍경이 피어나고
화폭 여백 위로 꽃잎의 숨결이
조용히 걸어온다.

인생의 굿샷

수줍은 공 하나
풀밭 위에 놓고
푸른 마음 싣는다

홀마다 반복된 스윙
작은 공 예기치 않게 날아가
길 잃고 헤저드 퐁당
잠시 멈춘 곳도 길의 일부가 된다

골프 공 표면 수많은 상흔
넘어진 자리 흔들렸던 무게
숲을 지나고 벙커를 헤쳐서

끝내 닿고 싶은 18홀까지
굴리고 굴려서 마지막 홀컵
땡그랑~~ 굿 샷.

아들 손에서 온 잭슨 폴록

서른네 해 칠월
폴록을 먼저 사랑한 화가 엄마에게
예술로 말을 건네 온 아들의 초대장
뉴욕의 거장을 만날 티켓 한 장

캔버스 위에 쏟아낸 마음
무수한 점과 선이 살아 숨 쉬는 그곳
세상 거장이 기다리는 전시에
우리 부부 데려간 건 아들의 손이었다.

그림을 사랑하게 된 나의 인생에
가장 크고 아름다운 전시는 아들이란 작품,
국립아시아문화전당 마음 벽에 걸렸다.

우리 시간이 한 점 그림처럼 스며들던 날
이천억 폴록 작품보다 더 눈부셨던 건
아들과 나눈 오늘이란 대화였다.

미장원

말없이 의자에 앉아
속마음을 정리하고
아침 시간을 만집니다.

머리칼 사이
가위 소리 따라서
거울 속에 묻어온 이름이
고운 손끝 따라 나를 다독입니다.

미장원은,
머리를 곱게 다듬는 곳이 아니라
흐른 세월을 빗겨 마음을 정돈하는
작고 깊은 치유의 공간이 됩니다.

너라는 손녀 꽃

봄 품고 피어난 너의 웃음
온 세상이 해처럼 빛난다.

너의 눈은 샛별
너의 울음은 새벽의 찬가

세상에 기쁨 중에
최고로 반짝이는 기쁨

작은 손끝에 어미 사랑
네 걸음마다 내 사랑도

총총히 품으로 걸어와
너라는 선물과 함께 머문다.

네 생각

아침부터 너를 피어낸다
마음 한쪽 작은 들꽃처럼
네가 없는 하루가 너로 가득 차 있고
그리움은 너의 이름으로 자란다.

하얗게
네 생각 켜 놓은 채
결국, 닿고 싶은 마음은
저녁까지, 너였다.

목련이 여름에도 핀다며

노인학교에서
어릴 적 나를 잡던
팔순의 손끝에
색연필이 쥐어졌습니다.

하얀 머리칼 백목련처럼 다듬고
살아온 주름 도화지에 펴서
세상을 다시 그리는 학생

어머니 도화지 흰 여백 위에
말없이 적힌 이름들과 사연들
그리고 지나간 계절들까지

점 하나, 색 하나마다
햇살처럼 번지는 색채들
그림이 아니라 기억을 그리는 시간들

날마다 세월 늙히며 기다린 그림 끝에
맏딸이 좋아하는 백목련 여름에도 피어
어머니 미술 시간에 고요히 번져 갑니다.

다시 그 기억에 선다면

창가에 스며든 햇살 한 줄기
내가 걸어온 길을 바라봐
지나간 시간의 그림자조차
내 마음 깊이 스며드네요

넘어졌던 날도 다 의미가 되어
조용히 나를 빚어 숨을 고른다

다시 그 기억에 선다면
편린 위의 노래 내 인생 멜로디
시간의 강을 건너 아픈 눈물까지
내 꿈으로 따뜻하게 물들이겠지

때로는 길이 험하고
때로는 길이 멀지만
멀리 돌아온 그 길 위에서
나는 또다시 나를 만나네

놓치고 지나온 순간까지
그림 풍경처럼 다 품어주고 싶어

다시 그 기억에 선다면
찬 서리 비바람에 굳어가고
흘러간 눈물마저 꿈이 되어
길 맞닿아 이어가겠지

다시 그 기억에 선다면
난 푸른 여음 그 길을 걸어가겠지

고학년의 신념

한길로만
이것이 맞다
지침서처럼
움켜잡았던 신념이

기쁨 이전의
아픔이 되어
느낌으로 남겨질 때

넌 너대로의 너
난 나대로의 나
우리대로 우리로

언덕을 또 오르고
올라야 한다는 것을
인생 고학년 되어서
속울음이 잦아들 때 깨닫는다.

윤문칠

윤문칠

- 여수 출신, 전)여수고등학교 교장
- 현대문예(2002년) 한국수필문학(2008년) 등단
- 현대문예, 동부수필, 한국수필 작가회 회원
- 사)여수수필문학회회장(현)
- 전라남도 민선 교육의원, 전라남도의원
- 모정의 뱃길(마도로스길)보존회 이사장(현)
- 전라남도 명예예술인(문학)

108 탑과 꽃무릇

태고(太古)의 하늘 신(神)이
소백산맥 능선을 따라 한려수도 끝자락에
북봉(北峰)이 솟았다. 아! 영취산이다
흥국사의 봄이면
진달래꽃으로 붉게 물들인 온 영취산에
대신(代信)의 힘(力)이 108 탑을 쌓았다

억겁의 세월 속에
흩어져 있는 산사에 돌(石)이 움직인다.
흥국사의 가을이면
돌(石) 틈을 뚫고 사방에서 솟아오른
천만 송이 꽃무릇 향기에 취해
108 탑 봉우재 계곡에 목탁 소리가 들린다.

가막만 개도(蓋島)

가막만 바다는 말이 없다
호수 같은 파도의 숨결로
둘러싸인 섬 이름을 부른다
봉화산 천제봉에 우뚝 솟은
따뜻한 엄마의 두 가슴이 여수의 자랑이다

가막만은 개도를 중심으로
화태도 월호도, 그리고 제도, 백야도가 이웃이다
숨 쉬는 연안, 바다 위에 깔려있는
부포들은 삶의 보배이다
해질녘 붉게 물든 일몰의 노을빛은
낙조에 빠져가는 풍광은 한 폭의 수채화다

섬 주변을 연결했던 창영호는
금오열도 섬사람들의 연락선은
옛정을 전달하는 지팡이였다
가막만 개도섬의 길목에 설치된 부포들
황금어장은 우리 삶의 자산이다.

봉화산 둘레길

벌겋게 익은 햇살이
나무 사이로 비춰어 오면
찌든 땀을 온몸에 지고
봉화산 둘레 길을 걸어갑니다.

하얀빛이 나무 사이로
내리쬐는 한낮 태양빛이
피톤치드의 함유로 삶의 빛이 되어
세월의 눈시울을 붉힙니다.

얼굴에 깊게 파인 주름이
삶의 무게를 다 재지는 못하지만
미소만을 띠며 해질녘에
오늘도 봉화산 둘레길을 내려갑니다.

여자만의 노을

여자만 갯벌 밭에 숨쉬는 꼬막 소리!
해질녘 하늘에 번지는 노을을 바라보며
호수 같은 바다 위에
밀려오는 밀물 속의 노을이 붉게 물들어 온다.

낙조에 빠지는 석양빛 일몰은
 분홍빛 물감 풀어놓은 하늘 아래
고운 노을이 띠를 두르고 흘러간다

하루의 끝자락을 붙잡고
지친 발걸음 멈추고 올려다보니
붉게 타오르던 마음도 눈으로 담을 수 없는
아름다운 노을의 절경은 한 폭의 수채화다.

여수가 살아 숨쉰다

太古의 하늘 神이
소백산맥 능선을 그어
구봉산 끝자락에 北峯이 솟아있다
아! 예암산이다
통한의 임진년을 토해낸
북봉(北峯)아래 매영(梅營)의 옛터에는
매화나무 간데없고, 객사(客舍)만 남아있다.

좌수영 진남관
조선 제일의 다포식 건축물
정면 열다섯 칸
두 사람 팔 벌린 아름드리 기둥
세월을 버터 낸
그 시대 민초(民草)들의 인고(忍苦)의 정신인가

太古의 하늘 神이
소백산맥 능선을 그어
봉화산 끝자락 머문 곳에

北蜂이 솟아 장군도이다.

남산 돌산 경도에서 바라본 장군도
여의주에 설치된 수중성
맑고 고운 장군도 푸른 물결 충무공 얼이
여수가 살아 숨쉰다

모정의 뱃길

목넘 생기미 넘너리 끝자락 가장도에서
6년간 목선에 노를 저어
손바닥이 불어 텄네 교육의 섬,
엄마의 뱃사공

60년대 그때 꽃피는 여수 바다
비바람 군센 파도를 헤치며
뱃길 따라 삼만 삼천리 바다 길을
조석으로 노를 저어 교육의 정(情) 쏟았던
모정의 뱃사공

그 시절 심금을 울렸던 흘러간 노래
엄마의 뱃사공인 모정의 뱃길
바다의 길의 흔적은 사라져가지만
모정의 뱃길인 가장도가 보인다

동백꽃 당신!

동백꽃 하면 우리 엄마 생각이 난다.

나들이를 나가시기 전, 경대 앞에 앉아 긴 머리카락을 참 빗으로 빗어 틀어 올려 비녀를 꽂으시니 머릿결엔 동백기름 이 발라져 윤기가 자르르 흐른다. 밖으로 나가실 때면 고운 한복에 단정한 머리 위로 쏟아지던 햇빛마저 머릿결 위에선 미끄러지는 것만 같았다.

엄마의 단정한 머리가 좋아서 나는 손바닥으로 쓸어 보길 좋아했고, 그러다가 엄마한테 철썩하고 엉덩이에 불이 날 만 큼 얻어맞기도 했지만, 동백기름을 바른 모습은 내 추억에 남아 있는 가장 어린 날의 기억이다.

고등학교 졸업식! 우리 가족들은 오동도를 찾았다. 한복을 곱게 입은 엄마의 옷고름 가슴에 동백꽃을 달아주고 동생이 땅에 깔아놓은 듯 꽃을 한 줌 가득 손에 주어 엄마에게 뿌리 면서, '우리 엄마 예쁘다~'며 소리를 치고 뛰어가니 어색하 게 미소 띤 엄마의 모습이 선하다.

제법 쌀쌀한 10월 중순 이맘때가 되면 억울하게 희생된 여·순 시민들 영령의 마음에도 동백은 피어 내린다. 앵두보다 더 진한 빨간 꽃은 한파 추위도 이겨내고 나무에서 한번 피고, 땅에서 한번 피고, 마지막으로 우리들 가슴 속에 한 번 핀다.

그래서 붉은 꽃의 노란 수술이 평화의 빛으로 가득한 동백꽃이 여수의 상징이다. 민둥산인 구봉산 아래 어촌마을에서 넘너리 고갯길을 넘으면 가막만을 끼고 있는 발원지(㈜한화)는 일찍이 신근·봉양·물구미 불리던 듣기만 해도 그리운 우리 동네가 여순사건 현장이다. 이곳에 주둔하고 있던 제14연대 일부 군인들이 제주 4·3사건 파병을 반대하면서 무장 반란을 일으켜 평화롭던 마을에 여순사건(1948. 10. 19.)이 발생하였다. 나는 무자년 동짓달 초하루(1948. 11. 1.) 그 난리 통에 태어났다.

진압군이 여수에 투입되면서 어머니의 뱃속에서 태어날 달에 놀라 세상에 태어나지 못하고 일주일 늦은 심한 진통으로 양수가 터져 겨우 나왔다고 한다.

아들을 낳았다고 대문도 없는 돌담 앞에 대나무에 새끼줄까서 고추를 걸어놓았으나 마을 사람들은 억울하게 희생당한 영령들을 추모하는 울음바다였다고 한다.

아빠, 엄마 성을 따라 양7일 간의 사건 속에 태어났다 하여 일곱 칠 자를 붙여 이름을 외조부께서 지어주셨다. 오래전 이런 생각을 하셨다는 게 놀라울 뿐이다.

그때 조선일보 기사(1948. 11. 2.)에 의하면 반군 협조자 색출작업으로 억울하게 희생된 부모·형제 사망 숫자가 2,522명이고, 여수 시가지를 모두 불 질러 온통 불바다였다고 한다. 오랜 상처와 분단의 세월 동안 자행된 사건은 시민들을 '용공주의자' 또는 '빨갱이'로 몰았다. 그날의 고통을 겪었던 할머니는 나에게 항상 앞서지 말고 빨리 돌아오라는 소리를 인사처럼 하셨고 그 잔소리 속에 자라 지금의 세월이 되었다.

여·순사건 시기에 태어난 내가 장년이 되어 민선 교육의원이 되었다. 그때 희생된 민간인 피해 보상과 명예 회복에 관한 특별법을 국회 청원 결의안을 전남도의회에 처음 발의(2011. 6. 14.)하여 12년의 진통 끝에 국회 본회의에 통과(2023. 7. 27.)했다.

여순사건과 더불어 그렇게 시작된 내 삶이 부싯돌이 부딪힐 때 반짝하는 빛처럼 빨랐던 세월도 올해로 76주년을 맞이했다. 그때 고통 속에 자식을 낳아서 따뜻하게 키웠던 동백꽃 같은 올 엄마 감사합니다.

그때 억울하게 희생당한 영혼을 애도하며 그리움이 짙은 침묵의 호수 같은 가막섬을 바라보며 날마다 희망의 소원을

기원하던 울 엄마! 경대 앞에서 동백기름 단정히 바르고 동백
꽃 브로치를 하던 우리 엄마! 이맘때가 되면 너무 보고 싶다.
큰 소리로 불러보고 싶다. 엄마~~, 사랑해요. 동백꽃 당신!

동백꽃 당신!

무자년 동짓달 초하루
그 난리 통에 살아난 붉은 동백꽃!
나무에서 한번 피고
양탄자 펼쳐놓은 땅에서도 피고
우리들 가슴속에도 핀다.

그날의 희생된 넋을 위로하며
영령의 혼을 상징하는 동백꽃
침묵의 고통 속에
울 엄마 가슴속까지 내리 핀다.
아! 여수의 꽃이여

꼭두새벽! 눈이 뜰때에
장독대 위에 정안수 떠놓고
빌고 계시던 울 엄마 모습이 생생하다.
가정을 위해 기도하던 울 엄마,

야속한 세월 속에
먼발치에 자식들이 돌아오나?
대문 앞 미소로 보듬아 주시던 울 엄마!
어느새 백발로 황혼에 접어드니
울 엄마 생각이 더 난다. 동백꽃 당신!

젓가락

눈이 소복이 쌓였던 겨울날, 새해를 맞아 온 가족이 한자리에 모였다. 따뜻한 방 안에는 명절 특유의 들뜬 기운이 느껴진다. 세배를 마친 우리는 서로의 건강과 행복을 빌며 덕담을 주고받았다. "밥 먹자." 아내의 다정한 목소리가 울려 퍼지자, 가족들은 자연스럽게 밥상 둘레로 앉았다. 김이 모락모락 피어오르는 음식이 한가득 놓인 밥상 위, 젓가락 숟가락이 가지런히 자리하고 있었다. 그때, 큰 사위가 웃으며 말했다. "세상에서 가장 힘이 나는 말은 '밥 먹자' 아닐까요?"

밥상을 준비한 아내는 흐뭇한 미소를 지었고, 모두 고개를 끄덕이며 웃었다. 우리는 저마다 한 쌍의 젓가락을 집어 들었다. 그런데 문득, 초등학생 손녀 유주가 나를 빤히 바라보더니 환하게 웃으며 말했다.

"할아버지, 저랑 젓가락질하는 모습이 똑같아요!" 나는 피식 웃으며 말했다.

"유주야, 할아버지도 어릴 때 우리 할머니께서 그릇의 콩을 젓가락으로 집어서 다른 쪽으로 옮기는 연습을 많이 했단다."

유주는 반짝이는 눈으로 내 젓가락질을 유심히 지켜보았다. 자! 엄지와 검지, 중지를 이용해 한쪽 젓가락을 고정하고, 다른 젓가락을 움직이며 음식을 집는 법을 다시 한번 보여 주었다. 유주는 신이 나서 따라 해 보았고, 작은 손으로 음식을 집으며 연신 깔깔댔다. 아내가 웃으며 말했다.

"여보, 교단을 떠난 지가 언젠데 아직도 학생 가르치듯 하네요." 그러자 사위들이 장단을 맞추며 웃었다. "아버님, 괜찮아요. 더 얘기해주세요! 재미있어요." 나는 기다렸다는 듯 젓가락 이야기를 이어갔다.

"젓가락은 단순한 식사 도구가 아니라, 세계를 제패한 우리나라 양궁선수를 봐라! 그 힘은 바로 젓가락을 움직이는 손가락 엄지와 검지를 많이 쓰면 두뇌가 발달되는 것이다. 중국에서는 '콰이', 일본에서는 '와리바시'라고 부르지. 칼을 대신해 젓가락을 쓰게 된 건 무사가 아닌 문인이 중심이 되는 문화에서 비롯되었다고 해." 손주들은 신기한 듯 귀를 기울였다.

"전 세계를 보면 젓가락을 사용하는 나라가 약 30%, 포크와 나이프를 쓰는 나라가 30%, 손으로 음식을 먹는 문화가

40% 정도 된다고 하더구나."

그러자 윤비가 눈을 동그랗게 뜨며 물었다.

"할아버지, 1억 원짜리 젓가락도 있다면서요?" 나는 빙긋이 웃으며 고개를 끄덕였다. 언젠가 윤비에게 말을 해줬던 기억이 떠올랐다.

"그래, 2008년 중국 베이징 올림픽 때 일본 젓가락 제조사에서 나온 젓가락이지. 흑단 나무에 금과 다이아몬드를 박아서 만들었다고 하더라."

"우와~" 윤비가 감탄하며 탄성을 내질렀다. 나는 말을 이어갔다.

"그리고 젓가락은 나라별로 모양이 다 다르단다. 우리나라 젓가락은 짧고 가늘고, 중국 젓가락은 길고 끝이 뭉툭하지. 일본 젓가락은 상대적으로 짧고 뾰족해. 각각의 식문화에 맞게 발전한 거지."

손주들은 젓가락을 들여다보며 이리저리 비교해 보았다. 나는 계속해서 이야기를 풀어냈다. "요즘은 젓가락 재질도 다양해졌어. 옛날에는 대나무나 나무로 만들었지만, 지금은 금속이나 도자기로도 만들지. 심지어 스마트폰과 연동된 젓가락도 나왔어. 음식을 담그면 영양 성분을 분석해서 알려준대."

손주들은 "우와!" 하며 눈을 반짝였지만, 딸들은 슬쩍 한

숨을 내쉬며 밥 먹기에 집중했다. "우리 아빠 또 시작이네."
나는 못 들은 척 웃으며 이야기를 이어갔다. "하지만 말이다,
젓가락은 단순한 식사 도구가 아니야. 가족들이 한 밥상에
모여 젓가락으로 반찬을 나누고, 집어 주면서 서로의 마음을
전하지. 작은 도구지만, 그 안에 따뜻한 정이 담겨 있단다."

그때, 초등학생인 윤비가 갑자기 손을 번쩍 들었다. "그럼
숟가락은요?"

나는 웃으며 대답했다. "그 이야기는 다음에 해줄게. 오늘
은 젓가락 이야기만으로도 배부르지 않니?"

식사가 끝나갈 무렵, 나는 유주의 작은 손에 놓인 젓가락
을 바라보았다.

"유주야, 이제 젓가락질이 더 능숙해졌네."

유주는 뿌듯한 얼굴로 고개를 끄덕였다. 손주들이 옹기종
기 모여 앉아 장난을 치는 모습을 보며, 나는 문득 젓가락처
럼 나란히 살아온 세월이 떠올랐다.

젓가락질을 가르치는 것도, 가족에게 따뜻한 이야기를 전
하는 것도 다 같은 일이 아닐까. 그렇게 우리는 한 세대, 한
세대를 지나며 서로를 배우고, 나누고, 가르치며 살아가는
것이겠지.

손에든 젓가락을 살며시 내려놓자 밥상 위의 온기가 마음
속 깊이 스며들었다.

이선덕 (호)도경

- 1999년 한려대학교 산업디자인학과 학사 졸업
- 2022년 전남대학교 대학원 조형미술과 수료

문학 부분
- 2014년 스토리문학 시 부분 신인 작품상 등단
- 2017년 현대문예 수필 부분 추천 작품상 등단
- 전남문예 회원. 여수 수필문학 회원
- 현대문예. 여수 동부작가회 회원

미술부분
- 개인전 5회 전남대학 미술관 3회 달빛 갤러리 1회
- 母子 전 1회. 시화전 1회. 단체전 다수
- 순천 미술대전 추천작가. 초대작가
- 국가 보훈 문화 예술협회 정회원

이선덕

대운도의 하루

푸른 별빛으로 채색한 바다는
물비늘 같은 이야기들 갯벌에 절여두고
파도에 밀려오는 별들의 밀어를
물꽃에 띄워 보냅니다

파도는 하얗게 밀려와선 부서지고 스러집니다

붉게 피어나는 아침
물결 따라 춤추는 사랑 이야기
감출 수 없습니다

물새 앉은 갯바위 슬픈 고백도
가슴 두드리는 이야기에도
벅차
눈물마저 깃들 곳이 없어
서럽게, 서럽게 일렁입니다

알레르기

꽃이 핀다
봄을 한 상 차려 먹은 듯
목덜미 가슴에 꽃이 핀다

화끈한 봄꽃입니다

바람이 산들거리는데
손톱이 파종을 한다고
밭고랑을 칩니다

대단한 하루였습니다

꽃들이 무한대로 핍니다
덮으면 덮을수록
발진은 발작보다 가렵습니다

그 겨울

한겨울
밤새 언 신발
옹기종기 부뚜막에 올라앉은 신발 가족
아침 되자
언 몸 녹이고 하나씩 불려 나간다
큰 남동생 구두
멋을 내는 여동생 운동화
작은동생들의 운동화가 바쁘게 뛰어 학교에 간다
고드름이 주렁주렁 열린 날
낡은 아버지 신발
한 번도 부뚜막에 올라간 적이 없는
어머니의 신발
온종일 흙투성이 상처에 아파했을 낡은 신발

어느덧 세월지나
바람막이가 되어 준 한 걸음 한 걸음
환한 길이 되어 나아간다

바람이었습니다

바람은
낙엽이 떨어지기를 바라는 것은 아니었습니다

노을이 질 때면 기다림에 사로잡혀
어둠의 시간은 가슴으로 밀어내고
길게 쓴 사연을 날리듯
달무리가 바람길에 갈리듯
서성거리는 가장자리의 마음이었습니다

바람은
한낮의 날빛 속에서
애태움에 지친 하얀 마음을 허공에 매달고
기다림의 요람이 되어 꼬박 지새웠습니다

바람은
낙엽이 떨어지기를 바라는 것은 아니었지만
설레는 가슴을 흔들고 지나간
마음이었습니다

가을 색

붉은 열기 서산에 남기고
스며드는 어둠에 나뭇잎 그림자 만드는데
공원 산책로에는
목줄을 맨 강아지도
모자를 쓴 옆집 아주머니도
사이좋은 노부부도 발길 바지런합니다

물들어가는 낙엽의 숨결도 거칠어 가는데
나뭇잎 흔드는 바람
한걸음 옮길 때마다
설익은 가을은 발길 바쁩니다

설레는 마음으로
구름 사이로 비취는 꿈의 색도
나뭇가지를 흔드는 애절한 바람의 색도 찾습니다
깔깔대는 아기의 귀여운 색도
온화한 할머니의 인자한 색도 찾습니다

익어가는 가을 위에 마음의 색을 더해

하나하나 채색해 갑니다

그날 밤

계수나무 아래
떡방아 찧는 토끼가 아른거리는 밤이다

창틀에서 어깨를 나란히 한 채
달빛에 젖은 두 사람

달을 올려다보며 그녀는 말한다
계수나무 아래 토끼 두 마리가 방아를 찧는다고

쉰 목소리로 그녀가 말한다
달이 너무 크고 환해서 토끼는 보이지 않고
나무 이파리만 흔들린다고

그날 밤 둥근 달은
속절없이 환하게 웃고 있었다

꽃눈이 피어나면

잠시 쉬어가던 바람
마른 가지에 앉아 흔들어주니
숨어있던 꽃눈
화들짝 놀라 눈을 껌벅입니다

가지마다 송알송알 이야기꽃 피우고
햇살도 눈부시게 하얗습니다

바람 한 자락 꽃술을 감고
지난겨울 이야기는 꽃잎에 새겨 둔 채
그리움 한 젓가락 가슴에 품어
마른 가지마다 도란도란 이야기꽃 피어납니다

꽃눈 하얗게 핍니다

냉장고

칸 칸의 서랍에
산과 들과 바다가 그득그득 채워졌다
이곳은 차가운 나라
서해의 물결이 싸늘하게 굳어간다
산 채로 굳어있던 꽃게 한 마리
비닐봉지를 찢고 식탁에 오른다

계절이 없는 이곳
삶과 죽음이 들락거린다

건망증에 냉기 속에서 곰팡이가 슬고
게으름에 들이 짓무르기도 하고
무심함에 남해 갯벌이 굳어
두 번째 죽음이 방치되어 있다

허기와 포식자의 식욕 앞에 진열된 먹잇감
문이 열릴 때면
선택받음에 안도의 숨을 쉬고

때론 더 깊은 곳으로 밀려 잊혀진다

들판을 누비던 송아지 울음도
아침을 알리는 닭의 울음도
침묵과 서늘한 냉기로 다스리는
냉정한 침묵

쪽잠 속에서

나무젓가락 같은 하루가

오전과 오후로 딱 쪼개질 때

짜장면을 시켰다

배달 오토바이가 모퉁이를 돌아 나가자

허기진 마음이

서둘러 자장면을 비벼 본다

단무지는 마치 반달에 잇자국이 난듯하다

노랑이 검은 한 끼에 간을 맞춘다

꿀꺽 삼켜지는 순간

목울대가 곱빼기로 흔들린다

허기진 온몸의 힘줄들이

찰진 가닥으로 불거진다

적당한 졸음과 하품에

소파에 비스듬히 누워본다

잠깐

코 고는 소리가 마치 도마에 면을 치듯 요란하다

덩달아 시곗바늘이 오후 한 시

나무젓가락 한 벌에도

온전한 하루가 묻어있다

꽉 찬 하루다

마네킹

상가 유리문 안에
여러 명 서 있다
서성거리지 않는다는 것은
버려진 것들이다

꼼짝 말고 서서 기다리라고
누군가 못 박아놓은 당부다
쓸쓸한 기다림이다

떨어져 나간 한쪽 팔을
우두커니 바라보고 있는 여자
민망한 듯 먼지를 입고 있다

유행 지난 옷은 거부하던
콧대 높은 여자
화려한 조명 아래 빛나던 여자
이 시대의 유행도
구조조정은 피할 수 없었던
그녀들

장동윤

장동윤

- 전남 보성 벌교 출신
- 여수고등학교 졸업
- 한국방송통신대학 행정학과 졸업
- 보성문인협회, 전남문인협회, 전남시인협회, 공무원문학회, 여수수필문학, 현대문예동부작가회 회원
- 한국시 신인상 수상(1993), 전남체신청장상(1993), 체신부장관 표창(1994), 정보통신부장관 표창(2002), 근정포창(대통령 표창 2009), 현대문예 동부작가회상(2018), 현대문예 추천문학상(2022) 수필등단, 여수수필문학상 수상(2023)
- 여수 MBC '세상사는 이야기' 출연(1999.10.19).

- 『바다속에 피는 꽃이 되어(1993)』, 『아내에게(1996)』, 『바다꽃(2000)』, 『청송에 핀 부남꽃(2006)』, 『영혼속에 핀 부남꽃(2008)』, 『여수해상케이블카(2015)』
- 『영광의 그늘에는 항상 눈물이 있다(2024)』
- 『산꽃 아내(2025)』, 『영혼 속에 핀 사랑(2025)』
- 한국문화예술복지재단 「문학」 등록회원
- 시낭송테이프 : 아내에게/여수
- 가곡 : 청송에 핀 부남꽃(전북대 이종록 교수 작곡)
  소프라노 함지연, 피아노 임정아

산꽃 아내 1

돌산에 핀 산 꽃 아내는
숱한 해풍을 맞고
얼음 헤치고 핀 복수초
복을 안고 장수를 누린다
변산 바람꽃 덧없는 사랑으로 산다
인내심과 신뢰로 핀
노루귀 꽃이어라

내 가슴속 깊은 곳
그윽한 향기로 다가와 살아
힘 있게 살며
TH FOREST LAND 카페
뒷동산에 올라
하늘의 별
돌산에 핀 산 꽃 되어
금슬 좋은 부부로
영원한 행복 누리며 살리라

_여수시 돌산읍 월암길 144에서

산꽃 아내 2

청송 자연휴양림 오르면

하늘 향해 피는

하늘 말라리 꽃*이 노란색 붉은빛 띠고

예쁘게 피어 있다

아내의 사랑을 듬뿍 담아 웃고 있다

곁에 산새들은 도란도란 마주 앉아

오순도순 사랑 이야기 나누며

살아 있음에 감사한다

물들어가는 하나둘

그리움 사랑 달라며 황금빛으로 물들어 간다

아내의 가슴속 내 사랑

꽃향기 가득 담아 물들어가면 좋겠다

첫사랑 설렘으로 영원히 영원히

피어나면 좋겠다

때론 슬픔에 늘 웃으며……

* 하늘 말라리 꽃 = 하늘을 보고파서 *하늘* 글자가 붙이고 위가 둥글게
  말린다 해서 *말*글자를 붙여 하늘 말라리라고 부르며 나리과 구근 식
  물이다

산꽃 아내 3

영취산에 가면 진달래가
영롱한 달빛처럼 피어 있다
웃음꽃 환한 아내 얼굴이 스친다
가만히 볼수록 예쁘다
아내는 영취산 진달래다
사랑과 희망으로 따스한
고운 햇살로 다가온다
하나뿐인 아내 사랑한다

산꽃 아내 4

화양면 태양의 집 아래
해 뜨는 언덕에 가면
휘몰아치는 해풍을 마시며
영산홍이 영감(靈感)으로
예쁘게 피어 있다

때로는 외롭고 슬퍼도
세 자녀 기도의 눈물 쏟으며
기적으로 키우고
손주들 잘 키워준 아내의
예쁜 얼굴이다
건강 행복 기도로 간구하며

산꽃 아내 5

청송 주왕산 허리에 검 붉은 반점
하나둘 수놓아 핑크빛 수달래
멋지게 피어 있다
청학 백학은 하늘을 날고
우리 사랑 나누듯 사랑 이야기한다
수달래 꽃으로 핀 예쁜 아내
보면 볼수록 예쁘고 사랑할수록
더 사랑스럽게 느껴진다
온 맘 다 받쳐 사랑한다

산꽃 아내 6

주왕산 수달래 꽃으로 핀
산꽃 예쁜 아내
눈에 꼬옥 담아
영혼 속에 품어 본다
가슴에 안아본다
오늘도 오직 아내만 사랑한다

산꽃 아내 7

오동도에 가면 태평양 바닷바람 휘몰아쳐도
예쁜 동백꽃 피어 있다
아내는 산다화 한 송이 되어 손주들 손 꼭 잡고
신우대 숲 사이 뛰어논다
보면 볼수록 예쁘고 아름답다
가진 것은 없어도 기쁨 즐거움
가슴속에 생명수 되어 철철 넘친다
무탈 속에 건강하니 참 행복하다

산꽃 아내 8

주왕산에 기슭
꽃돌에 노랑 파랑 빨강 꽃들이
예쁘게 피어 있다
대전사 풍경 소리 은은히 들려올 때
수달래 꽃 옹기종기 모여
아내의 환한 웃음으로 피어 붕긋 웃고 있다
감미로운 향기로 다가와
영혼 속에 기쁨 행복이 된다
혹독한 삶 매서운 세상 바람
쉼 없이 진저리치게 불어와도
세상은 충분히 살만하더라

만남 그리고 이별

좋은 세상
끈끈한 정
사랑이 있어
인연의 꽃으로 피어난 우리
설악산 오를 땐
진부령 한계령 향로봉 백담사
하늘에 흰 눈이 내려
눈꽃이 되어 우릴 맞아 주었네
복수초 얼음 속에서 피어 좋아라
철새들 하늘 날아 떠나고
이 풍진 혹독한 세상
힘들고 슬퍼도
우리 가슴속 매화 영산홍
극락조화로 부남꽃 피워
영혼 속에 향기로 남아
영원히 영원히 살고 싶어라

 정재판

- 현대문예 등단
- 현대문예 여수 동부작가회 회원
- 추천문학상 수상
- 2024 들꽃 속에서 1(시집 발간)
- 2025 깡통을 팽개친 소년(자서전 발간)
- 2025 디카시 백일장 대회 수상
- 2025 사진 및 디카시(발간)

정재판

모래섬

억년의 세월 안고

외 도라진 고대의 모래섬

석벽에 이는 파도

그대 숨결 만나리라

아름다운 섬

푸른 바다에 아름답게 수놓은 작은 섬
그곳에는 꿈과 희망이 미래로 향하고 있다

파도가 부서진 석벽 희귀한 형상이 새겨지고
빌딩이 부럽지 않은 낮은 오막살이에
행복과 사랑의 보금자리가 있다

갈매기 노래에 평화롭게 잠든 아기 모습
바람에 일렁이는 은구슬 부서지는 섬
꿈을 찾아 넓은 세계로 향하고 있다

섬 들은 너와 나의 고향 언제나 가고 싶은 곳
동백꽃 붉게 피는 그 섬에 가고 싶다

벚꽃

봄이
벚나무 가지
옷깃에 머물고

빗물
리듬 속에
벚꽃이 핀다

4월이
기쁨으로
웃음꽃 활짝 짓고

벙근
가지마다
휘영청 피고 지네

매화꽃

하동마을 작은 뜰에
매화꽃 하얀 미소 머금고

살랑이는 바람 따라
서로 덩달아
몸을 흔들며 춤추고 있네

벌 나비
날아드는 꽃향기가
멀리멀리 흩어져 떠나고

하얀 모시옷
곱게 차려입은 매화꽃
봄바람 타고
한잎 두잎 떨어져 가네

망망대해

수평선
바라보며
소리 없이 퍼져나가는
파도 소리

끝없는
너와 나의 사랑이여

망망대해
은빛 금빛 비늘
일렁이며

멀고 먼
대망에 꿈마저
네 가슴에 묻고 싶어라

바람아
그곳에 멈추거라
파도야 여기에 잠들어 다오

가막만 노을

구봉산 나무 잎새 한숨짓고
노을 붉게 물들어간
잔잔한 가막만 가슴에
금빛 황혼이 내려앉는다

아름답게 펼쳐진 바다에
작은 배 점찍어두면
검은 붓으로 누런 화선지에
까만 연기를 내 뿜는다

황홀한 빛 어둠 속으로
점점 숨어들 때면
가막만 한 폭의 풍경화
여운 남기고 사라져간다

겨울 없는 남쪽

파도치는 바위틈
나무에 맺힌 설화

간간이 내린 눈
나뭇잎 눈물로 떨어지네

찬 바람에 울먹이며
가지마다 품은 동백꽃

동박새 사랑으로
가슴에 피고 땅에서 피면

바다에 갇힌 따뜻한 섬
겨울이 오긴 왔나 보다

2024년 겨울 거문도에서

여문 지구 아파트의 밤

해가 기울면 아파트그림자
쓸쓸한 베란다에
어둠이 몰래 찾아든다

한칸 한칸 불빛이 켜져
밤으로 빠져가면 옥상에
청색 네온 흔들려 아롱거리고

마당 가운데 우뚝 선
하얀 가로등 서성이다가
말없이 고개 떨구고 졸고 있다

그렇게 여문 지구의
몰래 찾아들었던 밤은
여운 따라 외롭게 가고 있었다

조창만

- 국민은행 순천지점장. 논현동 지점장
- 대한예술 사진가협회 부회장
- 고양시 지방재정공시위원
- 대한 노인회 고양지부 감사 및 이사

조창만

햐 동백이로구나

일산 5일 장터에 꽃장수가 데려온
세 뼘 크기 동백이
살포시 꽃망울 열고 있네.
부푼 앞가슴 꽁꽁 묶어 놓은
저고리 솔기 터질 듯, 보일 듯
섣달 찬바람에도 붉은 그리움은
어쩔 수 없었느냐? 소녀야!

귀뚜라미

밤마다 그대 목소리
목메어 아픈 노래

그대 이슬 젖은 어깨
울며 떠누나.

인기척 소리마다
그 님일까 가슴 설레고

그대 못다 한 사랑
외로워 달도 기운다.

달팽이 노래

느림보라 탓하지 말소
내 한 몸에 암수를 가졌으니
둘을 살피다 보면
두 배 만큼 늦은 걸 어이 허물이 되겠소.
다들 나름대로 제멋에
사는 생애 조금 빠른들
종착점은 거기서 거기인걸.
유유자적해보오
세상이 다 보인다오

둥가둥가*

둥가둥가 아가야 울지 마라
칭얼칭얼 아기 동생 업고
일곱 살 누나가
좁은 마당 오가며 엄니

포대기 여민 것이 마뜩잖아
비비 꼬는 아기 동생
오냐오냐 내 강아지
이젠 꼬부랑 할무니 숭내.

* 둥가둥가–동개동개의 방언

들꽃 같은 사람

장터 어귀에 낡은 국밥집
들꽃처럼 치장도 안 한 나주댁이
모두의 연인처럼 가마솥 김에 묻혀있다

시렁 위에 가지런한 그릇 모양이
선지국밥 4천 원 가격표를 물고 있다
십 년 전 가격인데 그녀의 절개일까
가지런한 쪽진머리 잔잔한 미소는
들꽃 냄새를 풍겼다

봄비 추적이던 날
국밥집 앞에 웬 장의차가 내 가슴을 쳤다
아니길 바랐지만 하늘이 들꽃을 데려갔다
서로 눈빛만 오고 간 후회를
빗줄기는 아는지 눈물로 흐른다

매미

한더위 가슴에 안고
살날이 짧지만
포기를 모르고
울림을 보내어
존재를 다시 새겨가는 벌레
사람들 보다
이성적이다

물안개

시린 하늘이 강물에
안긴 날
임 따라 같이 죽자 하니
강심에 잠자던 여울이
물살 만들어 울고 운다

먼동 새벽에 하얀 밥 지어
살강에 올려
승천 비옵나이다.
머리 풀어 쉬이
임의 혼이여

민들레

어디서나
염원(念願)의 색, 노란 꽃으로
살다가. 외줄기로 살다가
이젠 하얀 머리칼
바람에 풀어
하늘로 멀리 떠날 날을
기다리시는 우리 어머니.

울 엄니

오메! 큰일 나부렀네
시아부지 모시 적삼 바지
빨래 널어놓고 왔는디
어쩌야 쓸까!

밭에 엎드려 바쁘시던 울 엄니
콩잎에 후드득 빗방울 소리
저 건너 서산자락에 몰려오는
시커먼 구름 보시더니
오메 어쩐당가! 몰라.

땀수건 훔칠 사이 없이
무릎 관절 절뚝거릴 사이 없이
바람처럼 밭고랑을 지난다.
금방 쏟아질 기세를
울 엄니는 어떻게 알았을까

오메! 어쩌야 쓸까 소낙비님

울 엄니 속 타는 마음 헤아려

쬐끔 만 멈추어 다오.

섬 나그네

그곳
바닷가에 핀다는 해당화 찾아 떠난다

수평선 물고 있는 섬들
낙조가 물결에 부서지는 섬들
해당화는 못 찾고 사투리 인심에
나그네 찌든 때가 부끄럽다

낯선 발길을 조가비들이
물총 쏘며 반기는 모래톱 해조음
먼 옛날 헤어진 그녀 목소리 같다